自控力
成就孩子一生

Talk Less, Listen More
从处理问题行为，到培养孩子的自控力

［澳］迈克尔·霍顿 ◉ 著　　高雪鹏 ◉ 译

北京联合出版公司
Beijing United Publishing Co.,Ltd.

图书在版编目（CIP）数据

自控力成就孩子一生 /（澳）迈克尔·霍顿著；高
雪鹏译 . -- 北京：北京联合出版公司，2024.11
ISBN 978-7-5596-7447-0

Ⅰ.①自… Ⅱ.①迈… ②高… Ⅲ.①儿童 - 行为控
制 - 家庭教育 Ⅳ.① G78

中国国家版本馆 CIP 数据核字 (2024) 第 047223 号

TALK LESS, LISTEN MORE
by MICHAEL HAWTON
Copyright ©2013 BY MICHAEL HAWTON
This edition arranged with Ventura Press
Through Big Apple Agency, Inc., Labuan, Malaysia
Simplified Chinese edition copyright©2024 by Beijing Tianlue Books Co.,Ltd.
All rights reserved.

自控力成就孩子一生

作　　者：[澳] 迈克尔·霍顿
译　　者：高雪鹏
出 品 人：赵红仕
选题策划：北京天略图书有限公司
责任编辑：徐　鹏
特约编辑：高锦鑫
责任校对：钱凯悦
装帧设计：刘晓红

北京联合出版公司出版
（北京市西城区德外大街 83 号楼 9 层　100088）
北京联合天畅文化传播公司发行
水印书香（唐山）印刷有限公司印刷　新华书店经销
字数 179 千字　　889 毫米 ×1194 毫米　　1/16　　15.25 印张
2024 年 11 月第 1 版　2024 年 11 月第 1 次印刷
ISBN 978-7-5596-7447-0
定价：48.00 元

前　言

随着你的孩子一天天长大，你或许希望在家里集中精力于两件重要的事情。第一，你想思考他们的未来，并且弄明白如何帮助他们尽可能地成为最好的自己。第二，你想改变他们在当下一些情形中的行为，以便他们的行为基本上能够得体。本书将为你提供一种对待2—12岁孩子问题行为的方法。

在本书中，你会了解到养育孩子的主要任务之一，是帮助他们具备更好的自我控制能力。我借鉴神经科学的最新研究成果——并用你能理解的语言加以描述，提出了帮助你处理孩子的问题行为的方法。书中还有一些卡通图、图表和工作表，来帮助你看到当你做得很好时事情"看上是什么样的"。现在，快速翻阅一下这本书，你就知道我说的是什么意思了。尽管我用来举例的家庭是一个核心家庭——家里有一位父亲和一位母亲，还有孩子——但是，本书中的方法适用于任何一个照顾孩子的人，不管你的家庭多么特别。

我建议你从头到尾阅读这本书，因为按照书中的顺序做，我的方法会更有效。一旦你打好了基础，你就会发现自己具备足够的信息来快速且果断地做出决定。读过本书之后，你应该能清楚下一次你的孩子做出不良行为你应该做什么（以及不应该做什么）。甚至对于那些最棘手的养育情形，你也能更冷静地做出回应。随着时间的推移，我希望你将不需要那么频繁地管教孩子，并且能够更多地享受与他们在一起的时光。

我无法保证你将要读到的内容会让你和你的孩子感到很愉悦，但我希望它能让你在处理孩子的行为时更自信。我还希望，如果孩子做出不良行为，你在做出如何回应的决定时能够变得更小心。顺便说一句，这是大多数人寻求帮助的原因——因为他们感到很沮丧。你将理解如何用一些将会产生巨大影响的基本方法来养育你的孩子。这些小措施会大大减轻你的压力，并且会让你的家庭生活更和睦。

想象一个你最满意的场景：当你的孩子长大成人，如果他希望在很大程度上按照你的养育方式来养育他们的孩子，难道这不是很美好吗？这是能够实现的——你只需要知道如何做，并相信你自己。然后，你就可以开始行动了。我希望本书将让这个愿望更容易实现。

迈克尔·霍顿

引 言

　　当我在一个小镇做心理咨询师时，我见到的父母中，有四分之三对自己处理孩子问题行为的能力缺乏信心。通常，他们来我们的诊所都是因为他们的孩子出现了问题行为——要么是在学校里，要么是在家里。有些父母感到压力巨大。有些父母则认为自己的孩子可能患有自闭症或者注意力缺陷多动障碍（ADHD），有时候他们的判断是对的。他们通常都厌倦了听到自己对孩子大喊大叫。很多父母已经"走投无路"——他们发现自己打孩子或者做了让自己都吓一跳的事情："我那天打了他一巴掌。简直糟透了。所以我认为我最好来这里想想办法。"正如俗话说的那样，如果我每听到一次这种话就得到一块钱，我早就成富翁了。

　　另一些父母会跟我们说："我不想成为那种总是对孩子大喊大叫的父母。"还有一些父母发现自己就像那个众所周知的温水里的青蛙，渐渐地才意识到事情变得足够糟糕，以至于到了需要寻求帮助的地步。几乎所有人都想知道是否有一种更好的方法来处理孩子的问题行为。

　　我见过很多希望摆脱自己父母的养育方式的父母。他们中有些人从小被父母严厉对待，不想重复自己的父母犯过的错误。（当然，我们不可避免地都会犯其中的一些错误，但我知道他们想表达什么。）有些人已经养成了在孩子出现不良行为时就大发脾气的习惯，因此他们总是对孩子大喊大叫，因为这是他们熟悉的方式。

看到父母们一次又一次地深陷同样的问题，我意识到它们或许不只发生在我所在的社区，而是在很多城镇和城市上演着。大多数父母在自己的认知范围内尽了全力，他们并不想对孩子大喊大叫或者打孩子。谁想这样做呢？他们只是不知道该怎么做。他们想要一些既容易理解又能帮助他们减少跟孩子争吵的解决办法——显然，这是他们寻求帮助的一个良好动机。他们不想为了控制而控制。而且，不管他们学到了什么，我知道，他们学到的东西还必须帮助他们的孩子从长远来看变得更有适应力、更开心。

所以，我对父母们也倾囊相授。我们一起审视孩子的哪些行为是他们可以忽略的，我们讨论他们可以如何通过注意到孩子做得好的事情来鼓励孩子。我们讨论了他们如何向孩子示范他们想让孩子做的那些行为。我帮助他们理解如何通过关注孩子的感受来与孩子共情并安抚孩子的情绪反应。我给他们提供建议和阅读材料，布置家庭作业，示范他们可以采用的做法。我们一起演练如何处理重复出现的问题，以及当孩子下一次"爆发"时，他们如何平静而有效地做出回应。这逐渐演变成我的"平和养育"法。平和并不意味着沉默，而是意味着少说话，并且不要那么经常提高我们的嗓门。

本书会让你有哪些收获

我当时得到的反馈，以及在全世界举办过数百场线上和线下的父母培训班后持续得到的反馈表明，本书中的方法在那些充满压力的时刻非常容易使用，在那些时刻，你的记忆往往是第一个出问题的。当你陷入一个养育困境时，在你的脑海中很容易就能找到的东西当然正是你想要的。

尽管由于基因或者脾气性格的原因，孩子们之间总会存在差异（而且，父母之间也是如此），但仍有很多步骤能帮助他们培养自我控制能力——即使你的孩子在某种程度上不受控制。在本书中，你将学到如何针对孩子的行为做出更好的选择，无论这意味着在需要的时候限制他们的行为，还是促进你希望他们多多为之的行为。

我提供了一个过渡计划，让你的家庭可以从现在的状态过渡到一个更和谐的状态。当你学会本书中的系统性方法之后，你会知道在那些最棘手的养育时刻该怎么做，并且防止这种困境变成彻底的失败。我们要实现两个目标：第一，你的孩子将具有更好的自我控制能力。第二，你的家庭生活将变得更加平静并且压力更小。

我能给你的最好的消息是，做到这两点并不那么难。你只需要一个计划，然后一遍遍地练习那些关键要点，直到它们成为你在所有情形中的第二天性。

本书的结构

在第1篇（第1—4章），我们对养育领域作了简单审视：

养育方式的主要趋势和相关研究、一些重要原则以及父母们在事情失控时往往会犯的主要错误。这是理解孩子行为的第一个层次。通过理解这些原则，即使不了解本书后面提到的各种方法，你也会改变你家里的情形——我保证。

在第2篇（第5章），我们关注的是改变，以及当我们刚开始尝试使用这些新方法时可能发生的事情。我们会探讨你可以如何处理孩子对改变的抗拒，以及你如何让自己保持平静和目标明确——即使你的孩子做不到！通过理解改变会如何影响家人，你可以采取措施，让自己为未来的任何障碍做好准备。

在第3篇（第6—9章），你将了解可以用来平和地处理孩子的问题行为的选择。在这一部分，你会明白如何帮助孩子更好地自我调节，这意味着无须你提醒，他们就能更得体地做出各种行为。本书提供了三种主要的养育选择：忽略（主动地忽略一些行为），发信号（让孩子知道你想让他们停止当前的行为），以及情绪辅导（与孩子共情，以便他们平静下来）。这些方法会帮助你处理眼下的问题，同时能帮助孩子们练习至关重要的自我调节技能。

在第4篇（第10—12章），我们会探讨鼓励你想在孩子身上看到的行为的一些方法，教给他们人生技能以及保持这些技能的能力。你可能会惊讶地发现，做到这些未必需要表扬和奖励孩子——在我看来，这两者在一些养育方法中被滥用了。我会告诉你一个叫作PASTA的剧本对话法，你可以将其用于大孩子（10岁以上），来帮助你处理他们"反复的冒犯行为"。

在第5篇，你会发现一些额外资源，它们或许对你有用。其中包括一张工作表——不要害怕——你可以用来检查自己是否理解了本书的主要理念。

目 录

第2章 孩子的发展与行为

孩子理解和平衡自己情绪的能力与其发展阶段密切相关……我们不能期待孩子能像我们一样理解这个世界，预见我们能预见到的事情，而且我们与孩子之间会有冲突……

第3章 情绪过载及其对孩子行为的影响

对于那些存在挑战行为的孩子来说，一个常见的问题是情绪过载……事实上，如果我们用唠叨、批评或者发火来控制孩子，就会使他们的管道系统过载，从而出现四种主要的反应方式……

第4章 对孩子的行为进行分类，父母才能灵活应对

对孩子的行为进行分类，将帮助我们思考如何看待孩子的行为，让我们能在下次见到它们时知道该怎么应对……这个过程并不难，而且单单将行为分类，就能实质性地降低你的压力水平……

第2篇 改 变

第5章 理解家庭里的系统和模式

家庭像系统一样运转。在家庭系统里，存在着很多决定家庭成员如何行为的模式……要想改变孩子的问题行为，就要改变与之密切相关的模式……只有大人能改变一个家庭的模式……对家庭系统或模式的任何改变，都会遇到抗拒和挣扎……

第3篇 平和地处理问题行为

第6章 平和地处理问题行为的"三个选择"模型

"三个选择"模型提供了当孩子出现问题行为时父母

可以采取的三个主要策略。这个简单易记的模型可以让我们在情绪激动的情况下做出前后一致而冷静的反应……

第7章 忽略孩子的行为，并控制好你自己

要记住，养育孩子的一个重要部分，是知道哪些行为可以忽略。你不做什么与你做什么同样重要……然而，要做到这一点并不容易，我们需要先控制我们自己……

第8章 数"1，2，3"
一种让孩子停止不良行为的平和方式

数"1，2，3"告诉孩子什么时候需要停止特定的行为，并转移自己的注意力……这是一种让孩子停止不良行为的平和方式……

第9章 情绪辅导可以教孩子自我调节

情绪辅导是一个人倾听并理解另一个人的感受或者经历的那些时刻，它可以帮助缓解消极情绪或者提升积极情绪……由于大脑发育的问题，孩子对强烈情绪的体验与成年人不同，也不会自我安慰……在这些情绪激烈的时刻，正是情绪辅导发挥作用的时候……

第4篇　促进"值得鼓励的行为"

第10章　解决大孩子的糟糕态度和行为

有时候你需要与你的大一点的孩子就重大问题进行交谈。这些问题可能是那些你一直忽略但现在你决定最好在它们进一步失控前做些什么的问题……

专家怎么说 /165

PASTA谈话法 /165

　　针对10岁以上孩子的PASTA谈话法 /166

第11章 增进亲情心理联结、教授技能并给予鼓励

"值得鼓励的行为"往往是那些需要教的行为……我们要让这些行为变得简单并且保持他们的积极性……要花时间做一些能够与孩子建立亲情心理联结和改善彼此关系的事情……

第12章　总结与展望未来

　　我们应该对如何养育孩子有所选择。我们可以做出选择……本书的基本方法是，使用一些由外而内的手段来鼓励孩子们由内而外的能力……

第5篇　额外资源

测测你学会了多少

孩子与科技产品

资源与延伸阅读

致 谢

第 *1* 篇
养育领域的趋势、原则和错误

第*1*章

养育领域的趋势

近几十年来，很多专家都告诉我们，处理孩子行为问题的最好方法，是跟孩子好好谈谈。尽管我并不反对这种方法——这是做该做之事的一种方式——但是，问题在于，只是跟孩子谈谈并不总是管用。我们还被告知有些事情是不能做的。我们不能打孩子。我们不能吼孩子，因为这会让他们变得畏首畏尾。我们不应该批评孩子——专家们告诉我们，这样做对孩子不好。这一领域的一些著名专家说，我们甚至不能特意表扬孩子，因为这可能意味着孩子只有在得到奖励时才好好表现。

可是，至于如何解决孩子们的行为问题，我们依然不清楚！似乎也没有明确的解决方法。我们对于给孩子设置限制来预防他们的不良行为，已经变得有些神经质了。我们很多人都觉得自己在被其他父母评判，而这影响了我们处理孩子的问题行为的方式。我们可能不太愿意纠正孩子的不良行为，尤其是在别人看着的时候。

"积极养育法" 有局限性

如今，我们听到"积极养育法"要比过去的强硬管教方法多得多。一位参加过我的课程的父母说，自从20世纪70年代禁止打孩子后，我们已经习惯了不给孩子设置界限。然后，我们开始对于限制孩子的行为变得不自信，因为我们认为限制他们会伤害他们。时光飞逝，10年后，父母双亲都外出工作变得越来越普遍，这意味着与我们的孩子保持良好的关系变得很重要。顺理成章地，与孩子"交朋友"成了时尚。而朋友之间是用不到"管教"的，否则就不"酷"了。不要担心，我并非建议回到"孩子应该被看到，而不是被倾听"的年月，但是，换一个角度思考如何处理孩子的不良行为问题或许有帮助。

我之所以这样说，是为了弄明白为什么我们在不断地试图以积极的方式对待孩子的过程中把事情完全颠倒了过来，即便大多数父母并不这么想。就好像我们集体达成了一种共识，认为必须一直以积极的方式对待我们的孩子，否则他们就会崩溃一样。以前的父母们愚昧又无知，所以不知道如何以积极的方式养育孩子？还是说，我们受到了蒙骗，认为唯有积极的养育方式才重要？

你们看，我不相信必须总是以积极的方式对待孩子才能得到一个好结果。而且，重要的是，我相信，即使你不得不经常帮助孩子控制他们的行为，你依然能与孩子保持亲密的亲情心理联结。

让我们通过几个例子，看看我们在其他领域是如何改变人们的行为的。在社会上，我们已经降低了吸烟率，并由此降低了肺癌率。这是一个好结果，但却并非通过一直给烟民公开地传递积极信息实现的。例如，大多数人都看过吸烟会影响我们身边人的电视广告。这种广告很管用，因为尽管你可能不会为了自己的健康而停止吸烟，但是，如果吸烟会损害你爱的人，你就更有动力停止吸烟。教育、限制措施（宣布你不能在餐馆吸烟的法律）、各种疗法（比如尼古丁替代疗法）以及征税，都成为减少吸烟的措施。另一个优秀的例子，是处罚违反交通法规的司机的扣分系统。尽管这些手段并不那么积极，它们实现积极的结果了吗？很多人会说是的，实现了——司机们意识到，如果他们改变自己的行为，就能保留开车的权利。

我见识过很多养育类课程，然而，我发现，这些课程所提供的内容与父母们的需求之间并不总是存在明显联系。在我看来，它们提供的大部分方法，要么要求父母和孩子谈谈自己对他们的期望，要么要求父母以"积极的方式"对待孩子。不知为何，养育领域的趋势一直在朝着"积极"的方向前进。而且，作为父母，如果你不顺着这股"积极"浪潮，就好像你在做错事一样。

在我的职业生涯中，我见过的与孩子相处出现问题的父母多到数不清。让他们与孩子谈谈他的行为，或者让他们乐观地看待孩子粗鲁的语言或者伤害行为，没有任何帮助。在一些情况下，这类建议就像让他们像寓言故事里那样，用手指头去堵大坝①。比如，对于一个威胁父母和兄弟姐妹已经成为家常便饭的10岁孩子，当他长时间尖叫、大发脾气时，让这个孩子的父母跟他说"现在，我希望你更心平气和地说话"是不现实的。

我并不是说，"积极养育"方式从长期来看无法改变孩子的行为。我说的是，大多数父母希望迅速解决孩子的行为问题。而当前儿童发展和养育领域的研究明确指出了另一种方法

---

① 出自荷兰故事《堵水坝的男孩》。——译者注

的好处：教给孩子成功地克制住冲动，或者说，教给孩子自我调节。研究表明，孩子们越早学会这一方法，在以后的整个人生中，他们在社交和教育方面都将享有优势。一项又一项研究表明，那些学会三思而后行的孩子，在各种社交和教育场合都表现得更好。然而，当父母们只关注积极行为时，孩子们未必能学会自我调节。作为父母，我们面对的挑战是，学会在恰当的时间忍受孩子的一点不适，以便教给孩子这些技能。只有这样，他们才能学会如何成为一个事情并不总是顺他们心意的家庭中的一员。

两种养育方式："由内而外"和"由外而内"

如果我们考察全世界各种有帮助的养育方式，就会发现主要有两类："由内而外"的养育和"由外而内"的养育。

由外而内的养育方法是那些教给父母通过奖励孩子的良好行为来养育孩子的方法。父母教给孩子什么行为是父母所期望的，并且明确地表示他们对孩子的行为感到满意。而对于不希望孩子做的行为，则通过处罚、施加后果、取消特权或者惩罚来制止。处罚孩子行为的主要着力点在于，通过让孩子经历一些不愉快或者不舒服的事情，来"教"给他们知道该行为是不可接受的。这种方法依赖父母采取某种方法来改变孩子的行为。那些教给父母们这种方法的专家们普遍认为，如果多用积极的方法，少用消极的方法，效果是最好的。

所以，由外而内的方法的理论是这样的：如果我们希望孩子们表现得更合作，就需要向他们表明如何做，并且教他们、鼓励他们、与他们建立亲情心理联结。如果某种行为是我们所期望并且始终期望的，我们就应该能够通过教孩子并提供刺激来使其改善。积极方法与消极方法的比例应该是5∶1。

我们将在后面的章节中讨论"由外而内"的方法——奖励和惩罚——的一些局限性。现在，我们将审视另一种养育方式："由内而外"提升孩子的能力。

"由内而外"的养育方法专注于如何帮助孩子们关注他们的感受并处理那些感受。这些方法认为，通过教给孩子们了解他们的情感"软件"及其运作方式，我们就能够提高他们的情感灵活性。"由内而外"养育方法的目标，是帮助孩子们操作自己的情感"油门"和"刹车"。孩子们将学会如何识别自己的感受，哪怕只是短暂出现的感受，并且在按这种情绪行动之前控制住自己。

说到底，养育的任务或许需要我们从两类方法中兼收并蓄。这需要我们根据我们看到的不同的行为使用不同的方法（不用太多）——以便我们能"阻止"不希望看到的行为，并"促进"希望看到的行为。

问题行为是怎么产生的

关于孩子的问题行为，需要说的第一件事情是，通常，它是一种情感上的过度反应。虽然我们的孩子未必这样看，但我们是这样认为的。如果你仔细审视孩子表现不好的时候，很明显：

1.他们非常情绪化

2.他们不知道如何处理自己的情绪

脾气的一次突然爆发，可能始于一种微小的感受，但转变成了通过大喊大叫或者发怒表达出来的更大的事件。想想这些场景：12岁的汤姆冲着妈妈发脾气，因为妈妈不允许他去朋友家；7岁的马迪，在爸爸阻止他打妹妹后，对爸爸出言不逊；5岁的杰西卡试图打她慈爱的外婆玛丽亚·巴托丽（你很快会见到她），因为玛丽亚告诉杰西卡晚饭之前不能吃饼干。孩子们的问题行为几乎都是从一种情感开始的，并且逐步升级。

成长的一部分，是培养一种控制自己强烈情感的能力。作家斯科特·派克（Scott Peck）曾经尝试给"成长"下一个定义。20世纪70年代，派克写了一本书，名为《少有人走的路》。在书中，他描述了我们是如何成长为一个成熟的成年人的，以及如果我们变得完全成熟会怎么做。他指出，基本上，成熟在一定程度上指的是我们如何平衡我们的情绪和我们的经历。

· 如果我认为店员给我找错了钱，我应该多么生气？
· 如果有人在公交车站在我前面插队，我应该多么恼怒？

·如果我是一个孩子，而我的父亲告诉我不能做某件事，
我应该变得多么沮丧？

让我们以其中一个为例。想象一下，你正排队等公交车，有
人在你前面插队。整体来看，这件事可能是一个4分的事件（总
分为10分），可能应该做出4分的情感反应。然而，这可能会引
发你做出8分的愤怒反应，取决于你如何看待它。再说一件事，
比如你的家人受到威胁，可能是一个9分的事件，并引发你做出9
分反应：这个反应水平是完全恰当的。事件和由其引发的情感反
应之间存在一种关系。通常情况下，这两者应该是平衡的。

作为成年人，我们当然会不断地判断在社交情形中该如
何做出反应。我们不断地判断别人是否侵犯了自己的情感或
者身体空间。做出这些判断是日常生活的一部分，这样其他人
就不会占我们的便宜。作为成年人，我们已经发展出复杂的社
交"触角"，以便"捕捉"到别人对待我们的行为的变化，帮
助我们决定如何做出反应。本质上，这些"触角"可以帮助我
们弄清楚一个人是否友好。那些一开始被我们看作不友好的行
为，可能完全不是那么回事，而且根据情况，我们能相当迅速
地改变看法并做出相应的反应。例如，我们可能会得出结论，
一个人犯了个无心之过，或者，至少明白了他们为什么做了我
们不赞成的事情。

孩子们各自经历着挫折，但是，由于他们的大脑还在发育
中，他们对事物有着不同的解读方式。孩子们理解为"让人沮
丧"的事件，在成年人看来可能并不那么明显。弄明白哪些事
情真的让人沮丧以及哪些不让人沮丧，对一个孩子来说是很困
难的。显然，并非每一种情形都算得上9分事件（总分10分），
但是，我们在行为不当的孩子身上经常看到的是，对于父母说

的诸如"等会儿"或者"现在不行"之类并无恶意的话语，他们会做出与之不成比例的反应。我见过的那些存在明显行为问题的孩子，通常已经形成了一个放任情绪随意宣泄的模式。他们没有学会如何控制自己的强烈感受，也没有学会如何让自己在情感的悬崖边"勒马"。

我相信，我们的孩子控制自己情绪的能力部分取决于他们所处的发展阶段（这意味着，我们可以期待随着年龄的增长，他们能形成这种能力），部分取决于学习处理自己沮丧情绪的技能。而且，他们能够学会这些技能。假如环境合适，我坚信，我们能够提高孩子们的自我调节能力。

学习自我调节对孩子们来说很重要

在我进行专业学习的时候，一位精神科指导教师告诉我，根据他的经验，大多数孩子的行为问题都与自我调节有关。他的意思是，存在行为问题的孩子通常都没有搞清楚如何控制自己的情绪。这种洞察让我牢记了很久，而且得到了我自己职业生涯的验证。你瞧，除了一小部分人（比如大脑有病或者人格障碍），几乎每个人，包括我们的孩子，都有一定的能力在情绪失控之前"控制住"自己。问题在于，即使我们具备这种能力，我们也并非总能运用。

让我以自己当心理医生时打过交道的几个孩子为例。由于我是一位男性心理医生，所以，很多男孩会被送到我这里，并且我与很多年龄在10—13岁之间的存在问题行为的孩子面谈过。这些孩子的父母希望有人能教给孩子如何控制自己的脾气。他们中有很多人之所以被送到我这里，是因为他们的父母或者老师在家里或者学校里看到过他们失控——通常是打人，或者有严重的攻击性。

在我与他们谈话的过程中，他们告诉我，大多数时候，他们觉察到了自己的挫败感。他们知道自己在生气，但是，他们没有学会控制自己的感受，而是养成了一种任意发脾气的习惯。在很多案例中，问题明显在于他们不知道如何控制自己的愤怒。他们要么不知道自己可以选择冷静下来，要么纯粹习惯性地发火。他们无法进入自己内心中一个控制自己的反省空间。难怪他们会惹那么多麻烦！

有趣的是，当我问他们是否想学习如何让自己不那么生气时，他们通常会说"是的"。显然，他们的坏脾气让他们陷入麻烦。他们的问题在于，他们不知道如何做。我问他们："当你处在你跟我说的那种情景，而且开始感到心烦时，有没有一个时刻，你觉得自己在变得越来越生气？有没有一个时刻，你觉得自己会变得更加生气？你知道，也就是你的愤怒要变得更强烈的时刻。"同样，他们说："呃……是的。"他们知道自己的情绪正变得更强烈，但没找到如何克制并控制它们的方法。他们倾向于让一点儿怒气越烧越旺，而不是控制它。

我知道，如果他们能注意到自己正变得越来越生气，他们就有可能控制自己的愤怒。通常，一旦这些男孩学会注意到自己的愤怒情绪，我们就能找出解决办法。然而，除非他们能够准确地识别自己的感受，否则，他们就不可能学会控制感受。

大脑在自我调节中扮演的角色

现在，我们知道，大脑中有一个特殊区域控制着我们在人际交往中的感觉。它位于我们的前额后方，被称作前额皮质。随着我们的发育和成熟，它对限制我们在棘手情境中的行为发挥着重大作用。但是，它需要培育才能正常工作。我们可以通过教给孩子正确地关注前额皮质，来帮助它发展。精神病学专家诺曼·多伊奇（Norman Doidge）在《改变是大脑的天性》（*The Brain that Changes Itself*）一书中，通过观察前额皮质在不那么活跃的情况下——我们睡觉的时候——发生的事情，强调了它的作用。当我们处于睡眠状态时，大脑中负责处理情绪的区域活动增强，产生了栩栩如生的梦境，比如性、挣扎求生和打斗。我们的冲动被放大却没有受到前额皮质的抑制。

所以，当我们谈到养育孩子以及帮助孩子控制他们的行为时，忽视前额皮质的作用，后果会很严重。我知道，强调大脑中的一个很小（但很重要）的区域，未免显得过于简单化，但是，我们调节情绪的能力就依赖这里；正是这里让我们有能力停下来并发觉自己在说谎，有能力克制自己并留出足够的时间弄明白在紧张的社交场合该怎么做，决定我们应该行动还是克制。为了我们的孩子能发展自我调节能力，帮助他们培养这些能力是关键所在。

养育孩子的方式，确实会影响前额皮质的发育。无论好坏，孩子所处的环境中发生的事情都会对大脑的发育产生一定影响。输入的信息——信号、词语、噪声、味道、触感、情感和关爱——都会影响大脑自我组织的方式。额前区是大脑实现自我组织的区域。如果我们能帮助孩子们锻炼前额皮质内的神经元，就能帮助他们增强大脑的组织能力，并缓和他们冲动行为的强烈欲望。他们的道德准则存在于大脑的这一区域，它能帮助他们明辨是非。

思考你作为父母的职责的一种简单方式，就是把你的作用看作类似于孩子"心灵健身房"里的私人教练。前额皮质能帮助孩子在社交环境中变得更灵活，如果你能够给孩子一些建议，让他们把注意力集中在这一区域，你的思路就对了。经过这样的训练，你会看到他们能更好地控制自己的冲动。最终，你的孩子不仅表现得更好，还能觉察到自己的情绪，拥有更好的自我调节能力。

孩子的大脑里有"刹车"和"油门"

总的来说，孩子不像成年人那样擅长运用头脑中的"刹车"，而是擅长使用头脑中的"油门"。抑制孩子做出反应的前额皮质尚未发育完全。此外，那些经常行为不端的孩子，往往很擅长使用"油门"，但不那么擅长踩"刹车"。儿科医生和心理学家们注意到，那些表现出问题行为的孩子似乎失控了。他们无法约束自己。例如，我认识的一位幼儿园老师不得不坐在一个任性的孩子身边，拉住他的手，以阻止他把颜料涂到她身边的小朋友身上。这种失控可以表现得像是一种纯粹的情感反应——没有经过任何理性思考过程，肯定也没有考虑任何后果。当我们说某个人"失控了"，说的就是他失去了控制情绪的能力。

我们稍后将更仔细地审视这个问题，并且通过一个例子看看在孩子们只使用"油门"的情况下会发生什么。但是，为了做到这一点，我们需要介绍一下本书的"主人公"——布鲁姆一家——你会在本书的很多地方见到他们。

布鲁姆一家

　　这是查理·布鲁姆（左二）和赛琳娜·布鲁姆（左三）。他们有3个孩子：汤姆（12岁）、马迪（7岁）和杰西卡（5岁）。还有赛琳娜的妈妈玛丽亚·巴托丽（右一）。外婆巴托丽会定期看望布鲁姆一家，而且和她的三个外孙关系密切。她对他们充满了热情。

　　查理和赛琳娜相识于14年前。查理曾经换过好几份工作——他当过银行出纳、木匠，现在是一位推销员，要花大量时间四处奔走。赛琳娜在一家计算机软件公司做兼职，暗暗地与她的家人较着劲。查理是她上学时梦想的那种男孩，两人相识一年后就结婚了。

　　布鲁姆一家可能与你认识的一些家庭相似，也可能不同，但是，现在已经很难准确地描述所谓"典型"家庭了。但是，你会注意到，他们面对着大多数家庭都会面对的很多问题，而且你会发现，我们在书中讨论的一些方法对你也应该管用。

　　布鲁姆夫妇深爱着三个孩子，但也有自己的难题。目前，最大的难题来自马迪，他们的二儿子，并且不得不寻求别人的帮助。家庭医生让他们去找凯瑟琳·威尔斯医生——一位儿科医生，来看看马迪是否还好，或者是否需要些特别的帮助。

　　在本书中，我们将看到赛琳娜和查理如何在威尔斯医生帮助他们处理马迪行为的过程中学习养育技巧。

孩子的自控力会变得越来越好

马迪·布鲁姆是一个"刹车"发育欠佳的小男孩。查理和赛琳娜知道马迪并不是个淘气的男孩，可是他们不知道拿他如何是好。第一次见威尔斯医生时，他们跟医生说马迪近几个月来的行为就像一只顽皮的猴子。他变得有点儿像个小"阿飞"。尤其是赛琳娜，她真的很难保持镇定。在家里，如果父母试图限制马迪的行为，他就经常大发雷

霆。他对妹妹杰西卡毫无耐心，而且常常对她发脾气。他经常粗鲁地对待身边的人。很多时候，赛琳娜发现自己在对马迪大吼大叫，因为他拒绝按照她告诉他的去做。

任何观察过马迪的行为的人，都会看到以下几点：

- 他经常大吼大叫
- 他经常不听话
- 当事情不如意时，他很容易被激怒
- 他经常纠缠父母
- 他控制自己坏脾气的能力非常有限

马迪行为的一个关键问题是能否教会他自我控制的技能。赛琳娜和查理告诉威尔斯医生，在一些情况下，比如在学校里，马迪有一定程度的自我控制能力。但是，在家里就不一样了。所以，布鲁姆一家人被弄得精疲力竭。每当他们试图限制马迪的行为，他就会变得沮丧或发脾气。

所以，马迪是怎么想的呢？通过一个与之相关的在处理沮丧情绪方面比马迪略好一点的成年人的故事来说明这一点是最好不过的。大多数成年人都有调整自己情绪的方式，我称之为"切换"（toggling），下面就是它如何发挥作用的。

现实中的"切换"：一场橄榄球比赛

想象一个场景：在位于昆士兰州的布里斯班桑科体育场，澳大利亚袋鼠队正在与新西兰全黑队进行一场橄榄球赛决赛。场上比分是22:20，澳大利亚队领先，而且还有5分钟比赛就结束了。现场5万名观众欢呼呐喊着观看这激动人心的最后时刻，在澳大利亚和新西兰，还有成千上万名观众守在电视机前。

全黑队在澳大利亚队的防线附近赢得了一次争球的机会。争球的人迅速将球扣紧，两支球队挤作一团，双方互相推搡。在这个过程中，新西兰全黑队的5号球员几乎立刻就挥出一拳，打在了对方5号球员的脸上。

袋鼠队的球员马上反击，一场打斗爆发了。场上老拳乱飞，看上去双方至少有15名球员加入了打斗。

打斗平息后，主裁判员听取了边线裁判的汇报，并点头表示明白了。边线裁判员离开场地。主裁判招来澳大利亚队5号球员。根据边线裁判的说法，看上去是澳大利亚队的球员先挥的拳。主裁判员严厉地警告了这位球员，并准备判给对方一个罚球，而这很可能导致澳大利亚队输掉比赛。

对于这个年轻的球员来说，这是一个让人情绪化的事件。他知道，如果全黑队得到了这个点球，澳大利亚队就可能会输。他义愤填膺。毕竟，挑起这场打斗的不是他，但受到处罚的却是他。他的胸口剧烈起伏，眉头紧锁，就像一只两米高喘着粗气的食人魔一般站在裁判面前。他因为被裁判员针对而感到怒火中烧。

这位球员很生气，他的大脑在以一千英里每小时的速度运转，试图找出解决办法。他大脑的一部分正在经历疯狂的事情，叫嚣着："揍这个裁判一顿！让他尝尝我的厉害！吐他一脸口水！"大脑中负责紧急事件的部位——我们称之为"旧脑"——正在对发生的事情做出重大反应。它未必看得到起因——它只是做出反应。

但是，观察这位球员的面部表情，我们可以看到他的双眼飞快地左右打着转。在他大脑的另一区域，也就是他的前额后面——事实上，在前额皮质——有很多神经元在产生神经冲动，帮助他进行自我控制。正如前面提到过的，我们大脑中的这一部分已经经过了数千年的进化，目的是帮助我们在紧张的社交场合控制情绪。我们可以称之为"新脑"，它正在向他发送其他信息："不要打裁判。否则终身禁赛。忍忍吧……"

他知道打裁判是不对的，如果这么做了，他将面临非常严重的后果。尽管他非常生气，但保持了克制，并且"咽下"了

裁判的决定，没有让情形失控。

　　这位球员能够克服自己的冲动；毕竟，他是一个成年人。所以，是什么样的机制让这位运动员控制住了自己的强烈情绪呢？这是一个很重要的问题，因为该机制是孩子们的所有问题行为的根源——是的，所有问题行为。随着年龄的增长，马迪·布鲁姆会更了解这一机制，但是，他依然可以在父母的帮助下提高这一能力。我把在大脑中两个不同部位之间来回转换的过程，称为"切换"。

大脑前额皮质

切换让我们成功地控制住强烈情绪

切换，是我们在"新脑"和"旧脑"之间交换信息的过程。这位球员在大脑中想要爆发的部分与能够控制怒火的部分之间来来回回地切换。他在快速地与两种互相冲突的信号角力，因为他的大脑的一部分想要爆发，而另一部分在审时度势，意识到这不是失控的好时候。他的前额皮质在工作，告诉他要控制自己，被罚下场并不值得，而且，对方的这个任意球可能不会得分，谁知道呢。

你我都面对过这样的情形——我们遇到非常棘手的人际关系问题，并且约束住了自己。尽管我们依然感到生气，但是，我们能够控制住自己的情绪，并且在大多数情况下都做出了得体的反应。如果你看过动画片《辛普森一家》，你会看到霍默·辛普森"切换"的情形：这发生在他承受压力的时候，他的眼珠来回打着转，试图想出接下来要怎么做。这种切换对于孩子来说还不如成年人发展得那么好。即使这样，这种能力在4岁那么小的孩子身上就已经出现了。现在，切换难道不是我们希望看到孩子使用的技能吗？

　　赛琳娜和查理夫妇已经告诉威尔斯医生，马迪在某些时候能控制住自己，不做出过度反应。他们需要做的就是帮助他练习这种技能，如果他要更好地调节自己的行为的话。此时，有两件事对马迪不利：一是他的大脑尚未完全发育成熟，二是他没有练习过学习调节行为所需要的技能。但是，马迪的父母可以通过教给他如何使用这一技能，来促进这种能力，正如他们能教给他加法或者骑自行车一样。

切换是一项可以习得的思维技能

　　从我的经验来看，有行为问题的孩子经常会遭受"脑子打结"（brain-lock）的痛苦。他们不知道如何灵活地应对和变通。在面对一项限制时，他们会变得死板、固执，他们的问题行为往往会升级。马迪·布鲁姆已经养成了这样的习惯。在我的候诊室里，我见到过很多像马迪这样的孩子。

　　切换，反映了在高风险的情形中我们大脑的一部分如何与另一部分争夺控制权。通过练习，孩子能提高这种能力吗？神经科学研究人员已经发现，当大脑中的某些神经元集群被使用并反复使用时，这些集群会变得更强大。这是一个重要的消息，而且对我们如何养育孩子有重要影响。研究表明，如果更加频繁地使用大脑中负责控制行为升级的部分，行为控制能力确实会得到提高。换句话说，我们能够让大脑中负责灵活变通的部分运转得更好。我们只需要帮助孩子们集中他们的注意力。

　　这有点儿奇怪，但确实是真的。这意味着，如果我们能帮助像马迪这样的孩子练习在踩"油门"和"刹车"之间切换，那么，负责制动大脑中"刹车"的神经元将会更好地工作。在马迪的例子中，帮助他不失控——他已经习惯了失控——不仅能在很大程度上解决他的问题行为，而且从长远来看，还能帮助他进行自我调节。一些心理学家和精神病学家说，通过练习切换，大脑中这一区域的"肌肉"将得到增强，进而帮助孩子控制自己的情绪。

我们希望马迪能够成功地控制住某些情绪，不被其左右。这是他此刻的主要问题。他不仅在做得过火时停不下来，他还形成了一种信念，认为他对于自己能做什么与妈妈或爸爸有同样的决定权。他认为，当他的情绪开始升级时，他没必要克制。

他的父母需要向他表明，学会处理各种情绪会更好。他们能教给他更好地处理自己的情绪，用一些诸如"嗯……""呃……"之类的语气词暂停一下，让自己不至于失去冷静。最终，他会明白，某种程度的克制会让他的生活更舒适，也会让他少惹些麻烦。

记住，情绪很重要

不可否认，我们都有权利有自己的情绪。我们希望孩子在生活中能表达各种各样的情绪，这是至关重要的。但这不是我们在此要讨论的。对于父母来说，帮助孩子说出并体验他们的情绪非常重要，这样他们就能学会不被情绪吓到。但是，同样重要的是，成熟的一部分在于学会如何让我们的情绪与产生情绪的事件相称。如果马迪的父母打算帮助他更好地控制自己，他们就需要帮助他理解当他产生了情绪时，他自身发生了什么。

恰当的社会行为不只与表达或不表达我们的情绪有关，还与如何表达有关。随着时间的推移，我们都会学会在一个我们对彼此承担责任的家庭或群体中生活。而当涉及孩子时，我们不希望他们在其不良行为被制止时，就下意识地暴跳如雷。是的，有时候这是可以理解的，但大多数情况下，这样做就是不可接受的。而且，坦白地说，有些时候我们必须给孩子一些指令，并且不容质疑。他们终有一天会独立，但是，不是在他们只有7岁的时候。

我们并非想让马迪永远不生气。他会生气。确实，有些时候他应该生气，哪怕只是为了学习如何维护自己的权利。然而，有些时候，我们都需要限制自己的反应，控制自己的情绪。

学习自我调节，孩子需要做什么练习

为了教给马迪成功地处理自己的情绪，他的父母需要给他提供正确的练习。这涉及按照某种顺序做一些特定的事情。赛琳娜和查理的职责是，通过给马迪一些能帮助他提高其内在自我调节能力的提示，来给他的不恰当行为设立一些限制。

另一个例子将帮助我们看到自我控制机制是如何运作的，并且，重要的是，我们能如何促进孩子的自我控制机制发展。

一切都是为了抵制棉花糖的诱惑

20世纪60年代，美国斯坦福大学心理学家沃尔特·米歇尔做了一些实验，来测试4岁孩子控制冲动的能力。这项实验（研究对象有约650个孩子）是这样进行的：首先，让一个4岁的孩子在一个盘子前面坐下，盘子上放着一块棉花糖。然后，研究人员说，他们（也就是研究人员）会离开房间15分钟。如果孩子在这段时间里没有吃棉花糖，那么，在研究人员返回时，就

会再给他们一块棉花糖。如果孩子把糖吃了，就得不到第二块了。然后，研究人员就离开了。

这些孩子面临着一场心智挑战。他们可以现在就吃掉棉花糖，也可以为了可能得到第二块棉花糖而推迟一会儿再吃：如果你只有4岁，这真是一个棘手的问题！（对于一些成年人来说，这就好像要等待2小时才能喝到早上第一杯咖啡一样。）很多孩子都扮鬼脸或者闻棉花糖，但没有屈服于诱惑。一些孩子哼着歌儿，或者把脸扭到一边。一些孩子揉搓着自己的脸。一些孩子跺着脚，或者不耐烦地等着。这是那些能够推迟吃棉花糖的孩子。15分钟后，当研究人员返回时，他们如约得到了第二块棉花糖。

但是，大多数孩子在15分钟内吃掉了棉花糖。他们无法等待。他们通常无法将自己的目光从棉花糖上挪开。在4岁的时候，他们中的大多数都无法控制自己的冲动。

米歇尔由此得出的结果是：

· 三分之二的孩子（抓取者）无法抵制棉花糖的诱惑，并且吃掉了它。

· 三分之一的孩子（延迟者）能够等待，并且随后收到了第二块棉花糖。

当参加实验的孩子们长到十几岁时，米歇尔在他们身上发现了某些惊人的倾向。他发现，那些曾经抵制住诱惑的孩子，长到十几岁时，在各方面的能力都更出色。与那些在4岁时等不了15分钟的同龄人相比，他们更有毅力、社交能力更强，而且在学校里表现更好。那些等不及的孩子出现了更多的健康问题，而且出现行为问题的可能性更大。

所以，米歇尔提出这个问题：这两组孩子之间的区别在哪里？其中一组孩子的心理更健康吗？其中一组孩子与父母的亲情心理联结更牢固，因而更有安全感吗？他们更相信第二块棉花糖会如约给他们吗？

对很多研究过这个实验的心理学家来说，一种合理的解释是，那些能够抵制住诱惑的孩子已经学会了某种方法，能转移自己的注意力。也就是说，他们不会执着于吃眼前的棉花糖的欲望，而是学会了将注意力从诱惑上转移，并专注在其他事情上。

这些孩子和那位成功地克制住自己最初的怒火并且没有向其屈服的橄榄球运动员一样吗？一些孩子，甚至在4岁的时候，就能够忍受住强烈的冲动（比如吃东西）而不是立刻满足它吗？

显然，一些小孩子能够在他们的"旧脑"和他们的"新脑"之间进行信息"切换"。

我们能教孩子抵制棉花糖的诱惑

所以，如果4岁的"延迟者"长到十几岁时在学业和社交方面都表现得更好，那么，我们有什么办法能帮助那些"抓取者"吗？我们能教孩子控制他们的强烈情绪或者转移注意力吗？嗯，看起来我们能做到。心理学家阿尔布特·班杜拉随后做的棉花糖研究表明，可以通过转移他们的注意力，来教"抓取者"克制自己的冲动。

班杜拉让当初那些"抓取者"与一位成年人行为榜样接触，这位成年人通过将孩子们的注意力转移到别的东西上来示范等待。通过观察成年人行为榜样，这些孩子学会了等待，并学会了如何转移自己的注意力。他们观察到大人们会低头打盹儿、哼歌儿、扭头看别处或者做其他事情来分散注意力。几个月后，这些孩子显示出在很大程度上保留了这种能力。他们学会了让大脑免受诱惑的技能。

这很重要，因为这意味着自我调节并不像米歇尔博士最开始认为的那样是一种固有的特征，而是经过练习能够被习得的东西。要想在延迟满足方面做得更好，你只需要学会怎么做！班杜拉的实验表明，我们能教孩子将注意力集中在另一种行为上，而不是屈服于此时此刻的强烈欲望。所以，如果我们说很多孩子表现出的"不良行为"是一种失常的情绪反应，我们就需要问问自己是否能让这些孩子更好地抵制住依冲动行事。我相信，如果我们教他们"切换"以及自我调节，我们就能做到。[1]

学习情商技能有助于孩子们的自我调节

美国心理学家丹尼尔·戈尔曼说，学习控制情绪有几个关键步骤。如果我们能帮助孩子们识别他们的感受——通过共情倾听他们，并帮助他们知道情绪的名称——他们将更有能力

---

[1] 乔基姆·德·波萨达（Joachim de Posada）做了一个与该实验有关的很有意思的演讲——《先别着急吃棉花糖》。——作者注

进行自我调节。那些成长于重视感受的家庭的孩子，比那些生长在感受得不到重视的家庭的孩子能更好地学会控制自己的情绪。但是，重要的是，尊重孩子的感受并不意味着我们应该接受他们的所有行为。

戈尔曼在他的《情商》一书中说，情绪调节技能只能按照某种顺序获得，而且要从孩子们识别自己的感受，然后学习与感受相匹配的词汇开始。这意味着我们可以通过教孩子们如何给自己的感受命名，来帮助他们思考自己的感受。前一个技能——"注意到"感受，是学习后面的技能——"追踪"感受和"处理"感受的先决条件。"追踪"意味着，能够感觉到某种感受但不一定对它做出反应——你只是体验它。

孩子需要体验一些不适来学会自我调节

有意识地将孩子置于一些不舒服的情形中，并帮助他们提高克服棘手情绪的能力，这个想法会让我们很多人难以接受。然而，尽管希望我们的孩子永远快乐是人之常情，但是我们无法使他们免于经历所有的不愉快。事实上，如果孩子们要学会应对一些需要运用头脑中的"刹车"的情形，他们就需要经历一点有目的的不适。在这里，我们谈论的不是虐待造成的不适，而是会教给孩子们一种技能的不适。记住，那些能够等到第二块棉花糖的孩子，已经学会了某种能帮助他们不冲动行事的东西——尽管这样做并不舒服。他们已经学会了为了更大的回报而忍受一定程度的沮丧。在这种情况下，某种程度的不适等于更好的回报，而没有不适等于更少的回报。

更令人忧心的是，那些不练习控制自己强烈情绪的孩子，他们的大脑中无法形成能帮助他们踩"刹车"的连接。如果孩子们没有体验过别人帮助他们忍耐不舒服的经历，比如父母给他们设立限制，他们就无法运用"刹车"所需具备的心智。正如精神病学家丹尼尔·西格尔所说："正是克服强烈情绪的过程，孩子们才能培养灵活性。"换句话说，没有一次次地练习用他们的脚踩刹车板，孩子们永远也掌握不了踩心理上的"刹车片"。在最糟糕的情况下，那些情感上不成熟的孩子和青少年将永远学不会控制自己的情绪，而且最终更有可能陷入麻烦。通常，那些有明显行为问题的孩子从未提高过他们在需要克制的情况下克制自己强烈情绪的能力。这就是不加练习的结果，看到了吧？

像任何技能一样，孩子们需要从诸如一位教练或一位父母那样的人身上学习自我调节。这就是你发挥用武之地的时候。接下来，我们将更仔细地审视孩子们的大脑是如何生长和发育的，并向你提供一些更具体的例子，让你看看孩子们会如何误解一些情形，或者从另一个角度看问题。

小 结

· 养育方式有很多种，一种是"积极的"养育方式。就其本身而言，它在应对孩子的行为问题方面存在局限。

· "由外而内"的养育方式，对孩子们令人满意的行为予以奖励，对不让人满意的行为予以制裁或者惩罚。另一方面，"由内而外"的养育方式，旨在帮助孩子们注意到并且控制自己的感受和行为。父母需要从这两个方面做工作。

· 孩子们的问题行为往往从情绪过激反应开始。所以，鼓励孩子们培养情感技能，即教他们控制自己的情绪，是养育的重要部分。

·大脑的前额皮质赋予我们调节自身情绪的能力。它随着孩子们的成长而发展。

·我们希望孩子们学会处理自己的情绪——进行切换——以便他们能增强前额皮质的灵活性。

·父母能够教孩子们使用他们大脑中的"刹车"，但是，孩子们需要经历一些不适，才能学会自我调节。如果他们不练习克制自己的强烈情绪，他们的大脑中就无法形成连接，来帮助他们在恰当的时候停下来，并且克制住自己。

·等待第二块棉花糖要好于马上吃掉第一块！

第2章

孩子的发展与行为

　　我们的女儿现在已经成年。在她4岁左右的时候，有一次，妻子跟我正在我们家后院里安装栅栏，她在附近骑三轮车。突然，她说："我要吃午饭！"她的妈妈正举起一根栅栏的一端，于是就回答她："我们很快就吃午饭，爸爸和我现在正忙。"

　　"我要吃午饭！"她又强调了一遍。我记得我转向她，并且说我们现在不能吃午饭，但很快就会吃。然后，她又更大声地要求道："我要吃午饭！"这一次，我们没理睬她的要求，因为我们知道一旦把最后一根栅栏安装好，我们马上就能照顾她。片刻安静之后，她突然大声喊道："我要吃午饭！我要吃午饭！如果你们现在不让我吃饭，等你们老了，我也不会给你们饭吃。"

　　之后，我们很快就去吃午饭了。

　　孩子们理解和平衡自己情绪的能力，与他们所处的发展阶段密切相关。随着年龄的增长，控制冲动和情绪的能力会越来越强。然而，在孩子还小的时候，他们更依赖其他人——比如父母——来帮助他们理解自己的感受。当他们变得成熟时，他们会变得更独立。

孩子的能力由其发展阶段决定

随着孩子经历各个发展阶段，你将会看到他们自我调节的能力在逐渐增强。然而，不管看上去多么聪明伶俐，重要的是要记住，他们控制自己情绪的能力与其发展阶段是相关的。所以，让我们简略地看看孩子们面对的局限及其在各个年龄段的具体表现。

12个月大的孩子用声音和手势沟通，来得到自己想要的

在这个年龄，孩子发出的咕哝声，有时候会伴随着手臂的动作。由于大脑中的表达性语言区域依然在发育，这些手势和声音是在没有语言的情况下起作用的。

学步期孩子经常会用自己的声音和手势，来让我们注意到他们想要什么。有一次，在机场，我看到了一个大约14个月大的学步期孩子。她奶奶就站在她旁边。她拽拽奶奶的裤子，嘴巴里重复着："呢呢！呢呢。"同时举起双臂，双手开开合合，明显在表示她想被抱起来。她的奶奶弯下腰，把她抱了起来。我想："哇！声音和手势就是这样起作用的。"

没有大人的共情，这种沟通方式就不会起作用。我们学会了利用这种沟通方式生存，并且由于它能让我们的需要得到满足而强化了它。

尽管学步期孩子大脑中产生语言的区域——被称作布洛卡氏区[1]——尚未发育完全，但大脑中负责思考的区域——被称为韦尼克氏区[2]——在发挥作用。对于学步期的孩子来说，韦尼克

---

①Broca's area，布洛卡氏区，大脑皮层中与发声有关的部分。——译者注

② Wernicke's area，韦尼克氏区，大脑皮层中参与语言理解的部分。——译者注

氏区已经发展到能够想出自己需要什么的程度。几年之后，布洛卡氏区也将赶上来，但是，对于大多数学步期的孩子来说，咕哝或者单音（根据我的经验，在很多青春期孩子身上会重现）就管用，真是谢天谢地！所以，虽然一个学步期孩子大脑中负责想出自己需要的部分在正常运作，但是，这个孩子要依赖与其他人——妈妈、爸爸以及其他值得信任的人——的紧密连接，才能得到自己想要的东西。单词句（可独立成句的单词或短语）搭建起了学步期孩子与外部世界沟通的桥梁。而通过依恋形成的共情纽带，使得成年人能够知道如何做出回应。

随着孩子的成长，他们的大脑会从后部脑区向前面负责做决定的脑区发育。不幸的是，很小的孩子做不了大孩子（或者成年人）能做到的脑力工作，包括控制自己的冲动。所以，一个在我们看来似乎很合理的要求，在一个三岁孩子眼里，可能显得有些无法接受。这意味着与成年人相比，他们可能显得更顽固，而且对挫折的忍受力更低。挫折耐受力是一种在整个童年时期持续发展的能力。

随着孩子的成熟，他们的推理能力会变得更强

逻辑推理能力也随着孩子的成熟而提高，但是，更小的孩子的这种能力是有限的，正如让·皮亚杰的实验（见下文）所显示的那样。

让·皮亚杰的实验

为了表明孩子们的思维特点如何随着他们年龄的增长而变化，瑞士心理学家让·皮亚杰做了很多实验。

在一个和4岁孩子的实验中，他在孩子们的注视下向大小和形状完全相同的两个容器中倒入等量液体。然后，他将这些液体分别倒入两个不同形状的新容器中，并且评估孩子们的反应。

左侧（见下图）是原来的两个容器，里面装有等量的液体。皮亚杰问孩子们，这两个容器中是否装有等量的液体。大多数孩子给出了肯定的回答。

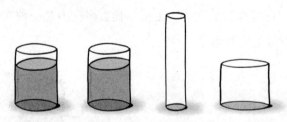

然后，皮亚杰将原来容器中的液体分别全部倒入一个细高的容器和一个矮粗的容器中（见下图）。他再次询问孩子们，两个容器中的液体量是否相同。

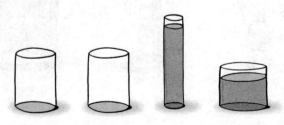

　　皮亚杰的发现被重复了很多次。下面是他的发现：3—4岁的孩子——不管多么聪明，当液体被从原来的容器倒入细高容器时，几乎总是认为液体量增加了。尽管他们亲眼看到同样数量的液体从原来的容器中分别被全部倒入细高容器和矮粗容器中，但他们相信细高容器中的液体更多。孩子们无法理解液体量没有改变。

　　为什么会这样呢？因为孩子大脑中负责处理这种复杂程度事情的部位依然在发育中。到5岁时，孩子们将越来越能够在脑海中记住等量液体的"鲜活"形象。这种记住信息并且将其联系起来的能力，是孩子们在下一个认知发展阶段掌握一种更复杂的能力的标志。

　　顺便说一句，食品生产商会利用这一错觉获利。你有没有注意到，超市里那些又高又细的罐子看上去比那些又矮又粗的罐子装得多？

5岁的孩子一般都会以自我为中心

　　在全世界，5岁的孩子都不太擅长分享。这是因为他们正处在最以自我为中心的年龄。等他们长大一些，通常就不这样了，可是，作为大人，看到他们似乎不为他人着想，我们会变得很沮丧。一些父母不理解这个阶段的特征，并且希望自己的孩子擅长与其他孩子分享。但是，5岁的孩子根本就不是为轮流或把东西分给别人而生的。他们的性格中就没有"分享"

二字。然而，随着时间的推移和年龄的增长，再加上他人的鼓励，他们会变得越来越擅长分享。

9岁的孩子会有"公平"的概念

到9岁时，孩子们会进入对很多事情的道德两难阶段。他们无法想出该做什么，因为他们希望永远公平。9岁的孩子以言必及"道德责任"而著称。他们会在心里说："如果这样对待一个人，那么也应该这样对待其他人。"所以，人们常听到这样的抱怨："上一次他坐在前排，这次轮到我了。"或者"你不公平！"

这种对公平的信仰是9岁孩子的"执念"。在一场高中生戏剧演出中，我的身边坐了一个9岁的孩子，然后我们开始聊天。我问她最喜欢哪一幕（我愿意与她分享我喜欢的那几幕）。她说："我都喜欢！"我还能期待她说什么呢？她当然都喜欢——她希望公平！

12岁的孩子能够以相对价值思考

然而，12岁的孩子更擅长以不那么绝对的方式思考。他们可以对自己说："今天可能不公平，可是，我妹妹病了，所以她可以多坐一次前排。明天就轮到我了。"

大脑的发育贯穿整个童年和青春期

随着孩子不断长大，他们的思维变得更加灵敏。孩子们的大脑变得更加发达，使他们能够处理更复杂的事情。

就养育而言，知道我们对不同年龄的孩子可以有哪些合理的期待是一件好事。有时候，他们会发现他们很难理解我们的推理，或与我们的意见不一致。他们看待事情的方式与我们看待事情的方式之间的这种不同，会造成"大问题"。当然，这并不是说孩子们不聪明，而只是说，就发展而言，在他们能完全理解我们看待世界的方式之前，还有很长一段路要走。毕竟，他们不是"缩小版的成年人"。

那么，孩子们的大脑里正在发生什么

到3岁时，平均而言，孩子们的头部大小是其成年后头部大小的80%。到6岁时，孩子的头部大小几乎是他成年后头部大小的90%。难怪我们会看着自己的孩子说："你的头和我的一样大，为什么你不明白我对你说的话呢？"因为孩子们的头几乎和成年人的一样大，似乎可以合乎情理地认为孩子知道的应该比做到的多，甚至认为他们应该知道我们知道的事情。但是，观察孩子的外表无法告诉我们大脑里面正在发生什么。

尽管我们的孩子有时候说话和行为像个大人，但是，他们大脑里的神经通路正在不断地生长——一直长到完全成年。我们会对自己说："他听上去那么成熟，或许他真的知道自己在说些什么。"但是，在每个孩子的大脑里，神经元之间的连接依然正在建立。在显微镜下，你可以看到单个神经元四处游动，寻找彼此。当大脑中的这些纤维寻找其他神经元并且建立连接时，它们会舞动并互相吸引——就像科幻电影里的情节一样。很疯狂吧？

思考孩子的大脑诸多局限性的一种方式，是想象五六台电脑，从外观上看，它们都是一样的。然而，在外壳里面，它们的能力却差别很大。有些电脑更精密，配置的硬件和软件更多，而且内存更大。有的电脑能比其他电脑做更多的事情。但是，单看外壳很难分辨出来。在基于外观做出任何假设之前，你必须逐一调查。就像对待我们的孩子一样，理解他们大脑里发生了什么，是弄明白他们能做什么以及不能做什么的唯一方式。

大脑前额叶区的发育会持续到孩子20多岁

我们大脑的前额叶区在发展中起着非常重要的作用。这些区域帮助我们做出判断、得出结论以及规划未来。随着时间的推移，它们会帮助我们组织信息，但是，直到我们二十五六岁的时候，它们才能完全完成发育。在下图中，你可以看到神经元之间是如何像"森林"一样密密麻麻连接在一起的，这些连接会让孩子的大脑越来越复杂，让解决问题的能力更强。

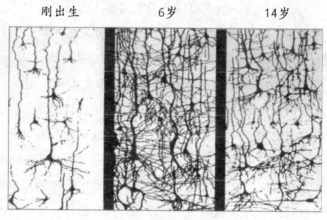

大脑皮层的发育

你可以看到，刚出生时，大脑皮层内神经元之间的连接并不多，但是，随着孩子的成长发育，神经元之间的连接增多。

新生儿大脑中的神经元连接的数量比6岁孩子的少，而6岁孩子的又比8岁孩子的少。在8岁之前，大脑皮层的复杂程度会逐年增加。在童年晚期和青春期前的几年里，神经元之间的连接变得"稀疏"，这个过程被称为突触修剪，可以看到神经元连接的数量变少，但出现了更多专门的神经元连接。通过只保留真正需要的连接，并且消除那些不需要的连接，大脑会变得越来越专业和高效。

然而，即使是那些最早熟的孩子或者青春期孩子，他们完成复杂任务的能力也是有上限的，因为大脑的能力在很大程度上与年龄有关。随着我们的成长，我们的大脑会以有助于我们更清晰地思考的方式塑造自己，并且使我们能够调节我们的情绪和反应。

这对我们父母来说意味着什么

当我们因为自己做的一个决定或确定的一个时间而与孩子发生冲突时，我们需要记住，这不是两个"同等能力"的个体之间的个人偏好问题。我们的孩子或许活泼、有趣、充满好奇心，而且总是给我们带来惊喜，但是，他们就是不能以与父母相同的方式看待世界。当然，我们并不想限制他们的决心和生活乐趣，但是，有时候我们需要限制他们的行为，比如他们言行粗鲁或者看上去会损坏一些物品、给他人或者他们自己造成伤害的时候。

还记得马迪·布鲁姆吧。7岁时，他发现了一件好玩的事情：放学后与朋友骑自行车。附近年龄大一些的男孩通常不戴自行车头盔。赛琳娜和查理总是提醒马迪戴头盔。如果他忘记戴头盔，就会被没收一天自行车。马迪感到很沮丧。他大脑中的神经元连接还没有完全连接好，所以，他不理解为什么自己必须戴头盔，并且认为父母在无缘无故地阻止他与朋友们玩。

有时候，孩子们还需要我们提醒他们在很多情形下应该如何表现，直到他们学会相应的规则。在那之前，我们比他们更有优势，可以帮助他们在身心两方面变得更有条理。随着他们进入青春期，他们会更擅于自我调节，而且他们会在我们更强的预见能力的帮助下做到这一点。

总之，我们不能期待孩子们总像我们一样理解这个世界。他们无法预见我们能预见到的事情。尽管我们应该尊重他们，但是，认为他们拥有成年人的心智或者情绪能力并没有什么帮助。我们的孩子正在学习驾驭一个由巨人统治的世界，而且，对他们来说，这个世界可能看上去杂乱无章又有些极端。

正如我们将在下一章看到的，一个人的大脑能接收的信息量是有限度的。这个限度就如同人的身体能力。如果我们意识到孩子要比成年人更容易达到"限度"，我们就能调整与他们的沟通方式。这样，我们就能帮助他们，而不是为了让他们接收信息而"挤压"他们有限的接收能力。这样做也会反过来提高他们的自我调节能力。

小 结

- 孩子理解和平衡自己情绪的能力与其发展阶段密切相关。随着孩子度过不同的发展阶段，我们会看到他们的自我调节能力逐渐提高。
- 孩子还小时，他们更依赖别人的帮助来理解自己的情绪。随着他们变得更成熟，他们会更独立。

· 孩子的大脑会逐渐变得发达，使其能够处理越来越复杂的问题。

· 尽管孩子们的脑袋几乎跟成年人的差不多大，但他们大脑中帮助理解这个世界的连接依然在形成中。

· 大脑的前额皮质帮助我们做出判断、得出结论以及评估所处的情形，但是，它会一直发育，直到我们成长到二十五六岁。

· 总之，我们不能期待孩子们总是像我们一样理解这个世界，而且我们与孩子之间会有冲突。

· 作为父母，我们在思维方面要比孩子们更有优势来做出事关他们幸福的决定。

第3章

情绪过载及其对孩子行为的影响

长久以来，我们都被教导，如果孩子行为不端，就要与孩子"好好谈谈"。我不太确定为什么会这样。但是，如果每当孩子出现问题行为，我们都这样做，那么，很多孩子就会争辩——大量的争辩——因为争辩行为往往会让他们得到奖励。

如果一个情形变得剑拔弩张，无论是由孩子的情绪（比如沮丧）引起的，还是由我们的情绪（比如生气）造成的，这绝对不是与孩子进行理智的、"说教性质的"交谈的最佳时机。那些习惯让行为升级的孩子没有足够清晰的思维来控制他们的情绪。而且，这是那些有问题行为的孩子普遍存在的问题：他们饱受情绪过载之苦，并且无法控制自己的反应。

下面是7岁的马迪·布鲁姆在晚餐前与妈妈赛琳娜的一场较量，请观察一下该情形是如何升级的。

赛琳娜正在厨房准备晚餐，她7岁的儿子马迪·布鲁姆走了进来。

马迪：妈妈，我要去隔壁乔伊家一趟，很快就回来。

赛琳娜：现在不行，马迪，我们再过5分钟就要吃晚饭了。

你可以吃完饭再去。

马迪：可是我现在就想去！他买了个新游戏，我想去看看。为什么我不能去？

赛琳娜：听着！我告诉过你晚饭马上就做好了。我不想让你现在去。你可以吃完晚饭后去。

马迪：是的，可我现在就想去！

赛琳娜：不行，现在不行……过会儿再去，马迪。

马迪变得暴躁起来。

马迪：你不能告诉我该怎么做……

赛琳娜也暴躁起来。

赛琳娜：能，我能——我是你妈妈，这里我说了算，不是你。

马迪开始失控。

马迪：但我保证我会在晚饭前回来。

赛琳娜狠狠地瞪着马迪，变得更凶了。

赛琳娜：少来这一套，马迪。上次你去乔伊家，害得我不得不放下厨房的活去找你。结果排骨都烧焦了，

都是你干的好事！

马迪彻底失控了。

马迪：滚开，妈妈！我说什么都要去！

赛琳娜开始大喊大叫——事态严重了。

赛琳娜：不行，你现在不能去！马上回来！

很容易看出，马迪已经形成了一种每当与妈妈有不同看法时就开启争辩的模式。过去，每当赛琳娜告诉马迪要做什么时，马迪都会与她争辩。通常，马迪大脑中的"油门"会促使他争辩。他可能一直半踩着"刹车"，但却总是无法踩到底，让它停下来。

马迪的行为让赛琳娜越来越疲惫不堪。她从来不知道当他争辩时自己该如何做，而且现在她已经陷入了一种连她自己都知道行不通的模式中。每当马迪这样做，赛琳娜就大为光火，变得烦躁或者火冒三丈。看到儿子表现得那么没规矩，她就开始想让他知道谁说了算。然后，她就变成了"强制执行人"。另一方面，她知道马迪只是个孩子，也明白他不知道如何控制自己的感受，但是，她就是不允许他这么跟她说话。

当事事都可以争辩，会发生什么

作为一个心理学家，我见过很多受到同样问题困扰的父母。他们会说："他就是不听话！"之类的话。就像袋鼠被车灯照到后会呆立当场一样，父母们会对自己孩子的抗拒感到困惑，并与他们争辩，相信争辩能教给孩子知道谁说了算。通常，这些备受折磨的父母说自己会长篇大论地说一些情绪激烈的话语，企图迫使孩子停止做任何正在做的事情。在父母看来，好像他们只有三个选择：努力说服孩子，对孩子大吼大叫或者努力压服孩子。这些选择都不好。

我常常为这些父母感到难过，因为他们与孩子的关系如此紧张。让很多父母感到沮丧的是，尽管尽了最大努力，这些情形依然会在他们面前爆发，或者他们解决问题的努力一无所获。一旦孩子养成了争论的习惯，认为任何事情都能辩论一番，那么当与父母的意见不一致时，他们通常就会顶嘴。

和很多孩子一样，他们的大脑里装满了"为什么？""你不能对我指手画脚"以及"不，我才不干呢！"这样的念头。但是，由于他们已经习惯了争辩，所以每当与父母的意见相左，他们就会使用这些反抗的方法。他们不会评估事态的严重程度，因为他们没有学会区分哪些行为严重，哪些无伤大雅。他们只会争辩，无论是让他们不要在晚饭前去朋友家玩，还是不要招惹弟弟妹妹。一切都变得一团糟，父母们最终会用同一种方法对待每一种行为。对这些孩子来说，似乎任何事情都可以讨价还价。这势必会造成意志的冲突。让事情变得更复杂的是，争辩往往会管用，会让他们得到自己想要的。

事实上，这些用心良苦却屡屡受挫的父母在训练孩子们多多争辩。冲突的机会增多，其隐含的信息就是谁最会争辩谁就赢。每争辩一次，这个"小律师"就多得到一次训练机会，"我反对"的模式就建立起来了。但是，更严重的问题在于，这些孩子们在咄咄逼人地进攻的同时却并不思考。这意味着他们不会自我调节，更糟糕的是，他们一次又一次地卷入类似的情形中。由于"踩刹车"的能力受到了损害，他们无法控制自己的情绪。这就形成了是一个恶性循环，让每个人的压力越来越大。

什么是"情绪过载"

人类通过6种感觉接收信息：视觉、嗅觉、听觉、味觉、触觉和内感受性感觉（interoceptive sense）。内感受性感觉是感受身体内部在发生什么的感觉，比如肚子的咕咕声。这些感觉把信息传递给大脑，我们可以把这些感觉想象成把信息传送至信息处理中心的一组管道。如果管道里被塞满信息，其中一些信息就会丢失，从而得不到处理。如果我们对一个孩子大喊大叫或者说太多话，他的管道（比我们的窄）很容易就会过载。

想象一下，当我们出生时，我们都只有几根管道来接收外界的信息。这些沟通管道会输送一定数量的噪声、愤怒、惊吓、恐惧、视觉信息等等。当信息过多或者情绪太多时，系统就会过载，并因为已经达到极限而无法处理更多信息。尽管这个极限对每个人来说大致相同，但是，一般来说，成年人能处理的"输入"比孩子们多——而且，孩子越小，能处理的就越少。

所以，为了将这个概念再推进一步，让我们假设我们所有人生来都具有一个10根管道的系统。这意味着我们最多能接收10根管道所能承载的信息。如果我们得到了15根或20根管道的信息，就很难全部接收。那些患有自闭症的孩子拥有的管道更少，或者更窄，所以，他们处理信息的能力更有限。

事实上，如果我们用唠叨、批评或者发火来控制孩子，就会使他们的管道系统过载。如果人类的信息处理系统过载，会出现四种主要的反应方式：

1.**第一种，情绪过载的孩子可能会试图反击**（正如我们在上一节看到的）。情绪过载的孩子会与"冒犯者"争辩，因为这样做有时候会让争辩停止，或者会让他得到自己想要的。马迪·布鲁姆深谙此道。他知道，如果他

"情绪过载"的孩子的反应方式不同

用大喊大叫反击爸爸，爸爸就会停止对他喊叫。他还知道，如果他反击，妈妈有时候就会让步。这种想要反击的感觉，在那些习惯与父母争辩的孩子里非常普遍。如果这成了孩子的模式——与你就一件事情争辩——你可以预料到这个模式会持续下去，只要他有可能赢。

2. **第二种，孩子可能会离开导致他情绪过载的情形。**近年来，我非常惊讶地听其他专家说，当父母试图管教孩子时，越来越多的孩子选择逃离。这种情况也发生在大人身上。或许这正在成为一种趋势——冲动地逃离，而不是忍受或者学着适应不舒适的情绪。你有没有注意到，当你与伴侣或者好朋友争吵，而且情绪过于激烈，你很难与对方共处一室？如果情绪过于激烈，我们很可能会试图离开。

3. **第三种，孩子们可能会选择在头脑中离开。**这种"充耳不闻"被称为"分离"，是情绪过载的孩子的常见反应。他们人就站在我们面前，但他们就像一台关机的电脑，就在我们面前"退出"一个个窗口和功能，直到最终完全关掉。分离是大脑躲避大量信息的方式，是人们承受过多情绪（比如恐惧、愤怒或者辱骂）的一种方式——到身体里的另一个地方"躲"起来。

4.**第四种，一些孩子会完全呆立当场。**我们会在一些孩子身上看到这种反应——他们呆呆地站在那里，通常发生在他们感到害怕或者茫然无措的情况下，也就是我们熟悉的"吓蒙了"。

所以，当我们的信息系统过载时，其反应方式是可预料的。如果我们用"过多信息"让孩子过载，有一件事情是肯定的：他们将无法注意到自己的感受。他们会专注于我们以及我们的怒火，以至于无法意识到自己的感受。如果我们的目的是帮助他们更好地进行自我调节，上述这种情况就是个"大问题"。要记住，置身于这些情形中，孩子们会产生若干种他们要艰难面对的感受。如果他们要变得更擅长自我调节，他们就需要能够思考这些感受，并且学会处理它们。只有这样，他们才能控制强烈的情绪，而不是被情绪控制。强迫孩子或者凌驾于孩子之上，会削弱情绪过载的孩子的"切换"能力，进而削弱他们的自我调节能力。

不过，不用担心——那些爱争辩的孩子的隧道尽头是有光亮的！在下一章和第3篇，我们将具体关注你可以如何改变这种状况，以避免让每一次分歧都升级为一场对抗，避免让孩子的情绪过载。但是，现在，我们需要理解当这些简单的分歧升级时会发生什么。

当马迪与妈妈争论时，发生了什么

在本章开头，我们看到了马迪与妈妈之间的争执是如何升级，以及双方是如何失控的。感觉到马迪变得越来越固执，赛琳娜失控了。假如她能够克制自己，她本可以帮助马迪更好地控制自己的。但是，一旦她生起气来，马迪的"旧脑"就立即开战，而他的负责理性思考的自我也嗖的一下消失了。争辩之初，马迪有更大的可能保持冷静，但是，等到妈妈冲他大喊大叫，这种可能就消失了。遗憾的是，赛琳娜的所作所为只会给他更多机会练习"失控"而不是自我控制。这对她来说是个多么大的难题啊。她知道不能让儿子这样做，但不知道自己还能做些什么。

一种理解马迪的情绪能力——与他妈妈的相比——的方法，是假设马迪有一个特定的"楼层"，在这个"楼层"之上，他会失去理性，而在这个"楼层"以下，他可以保持理性。他失去控制的"楼层"比妈妈的低。接下来，让我们仔细审视马迪与赛琳娜之间的对话，看看发生了什么。在下面的摘录和插图中，你可以看到对话的不同阶段发生了什么。

1.赛琳娜和马迪依然处于可控状态

在第一部分，你将看到，当马迪和妈妈都能表现出一些克制，并且仍然能控制住自己的情绪时，事情是如何发展的。他们处于我所说的"冷静地带"，而且事情还没激化到让他们无法清晰思考的程度。对于马迪来说，他的要求是完全合理的。他听说好友乔伊有一款超酷的新游戏，就迫不及待地想去乔伊那里一起试试。

一开始，赛琳娜正忙得不可开交，要一边做饭，一边处理马迪的"紧急"要求。对话就这么开始了。马迪发起了开场白。赛琳娜则一边做饭，一边扭过头来处理他在晚饭马上准备好时提出的最新要求。

> 马迪：妈妈，我要去隔壁乔伊家一趟，很快就回来。
>
> 赛琳娜：现在不行，马迪，我们再过5分钟就要吃晚饭了。
>
> 你可以吃完饭再去。
>
> 马迪：可是我现在就想去！他买了个新游戏，我想去看
>
> 看。为什么我不能去？

赛琳娜一开始时相信马迪会听她的，不去串门。然后，在计划受挫后，马迪迅速加大了赌注。

2.马迪的情绪升级

现在，马迪的情绪开始升级，变得更激烈，并且更有可能妨碍他的思考能力。他几乎已经快达到他的"楼层"，再高一点，他将无法思考。他正在离开自己的冷静地带。

以前，"试探"对他来说一直很管用。他已经习惯了不受

限制，相信即使得不到自己想要的，他也有权让妈妈知道自己的感受。无意中，他踩下了"油门"，毫不在乎自己正在失去对情绪的控制。

> 赛琳娜：听着！我告诉过你晚饭马上就做好了。我不想让你现在去。你可以吃完晚饭再去。
>
> 马迪：是的，可我现在就想去！
>
> 赛琳娜：不行，现在不行……过会儿再去，马迪。

马迪变得暴躁起来。

> 马迪：你不能告诉我该怎么做……

赛琳娜也暴躁起来。

一开始，马迪铆足劲儿想实现自己去乔伊家的愿望。在他的心里，不管妈妈想不想让他去，他都要去。随着对话变成争吵，双方的情绪都开始升温，并且都迅速地接近理性地带的边缘。赛琳娜尚有一定的理性，但用不了多久，她也失去了理智。不用说，马迪最后对妈妈说了那句他"生妈妈的气"时最爱的台词"你不能告诉我该怎么做……"。这是压倒赛琳娜的"最后一根稻草"。

3.赛琳娜发火

马迪的行为激怒了赛琳娜,而且她要维护自己的权威。现在,她的情绪占了上风。

赛琳娜:能,我能——我是你妈妈,这里我说了算,不是你。

马迪开始失控。

马迪:但我保证我会在晚饭前回来。

赛琳娜狠狠地瞪着马迪,变得更凶了。

赛琳娜:少来这一套,马迪。上次你去乔伊家,害得我不
          得不放下厨房的活去找你。结果排骨都烧焦了,
          都是你干的好事!

马迪彻底失控了。

马迪:滚开,妈妈!我说什么都要去!

赛琳娜开始大喊大叫——事态严重了。

赛琳娜： *不行，你现在不能去！马上回来！*

马迪和赛琳娜现在都失去了理性思考的能力。这太可惜了，真的，因为这一模式只会增加马迪在未来踩"油门"的可能性。他会养成把他自己应该承担责任的事情归咎于他人的习惯。这又是对一个3分事件的10分反应。如果这种模式贯穿马迪的整个童年时期，那么，等他进入青春期后，他会比我们预料的更爱争辩。这对谁都没有好处。

那么，还有其他选择吗？

在这次争论中，马迪自我控制的能力远远不及妈妈。他的情绪持续恶化并失控，不只是因为他控制情绪的能力弱于妈妈，还因为妈妈的反应给他火上浇油。这是个双输的局面。这是他的模式，并且是他所习惯的。但是，这也是妈妈的模式，并且是妈妈所习惯的。如果妈妈想帮助马迪改变行为，她就需要改变自己的行为：

1.意识到她养成的模式。

2.下决心不让事态升级，即使马迪这样做。

3.理解马迪的自我调节能力比她的弱。

4.以一种不那么火上浇油的方式做出回应。

否则，马迪不可能保持足够的冷静，思考自己的情绪，进而自我调节。

如果赛琳娜能认识到马迪忍受强烈情绪的"楼层"比她的

低，这将带来两个重要好处。首先，如果她能看到马迪的忍受力比较低，她就能开始客观地看待马迪能做什么和不能做什么。这将让她更清楚地认识到他只是个小男孩。如果她记得马迪只是一个孩子，并且仍在学习如何运用自己的心智能力，她将会更好地摆正自己的位置，来教给他处理自己的情绪。然后，她就能认定自己的作用不是压制儿子，而是帮助他、教他。

其次，当赛琳娜彻底理解二人在情绪气氛控制（emotional climate control）方面的相对差异时，她就能够在他激怒她时选择不做出反应。她不需要恐慌，只需要知道该怎么做，而不是吼回去或者压制他。一旦她认识到自己冷静下来的能力比他的强，她就能选择如何做出反应。作为父母，我们都需要认识到，我们每一次放弃对自己情绪的控制都会付出代价——我们在孩子发展自我控制能力的路上制造了一个障碍，而且，下一次我们更有可能需要采用严厉的手段来应对孩子的行为。

所以，这意味着帮助孩子控制他们的情绪反应的很重要的一部分，就是要能控制我们自己的。当然，你可能认为这往往说起来容易做起来难——确实如此。但是，经过练习，这可以成为你的第二天性。我们将在第3篇和第4篇对此做深入探讨。届时，我会给你一些建议，告诉你在处理孩子的行为时如何处理你自己的情绪。

但是，首先……

在进入第3篇前，我们还有一章——而且是非常重要的一章。如果我们还没有找出试图解决的具体问题，尝试新的养育方法就没有任何意义。记得我在第1章提到的那些大发脾气的孩子吗？每当与父母意见相左，他们就与父母吵架，无论情形如何，而他们的心力交瘁的父母最终会以相同的方式对待每一种行为，无论情形多么严重。

在第4章，你将能够更细致地观察孩子的行为，并将其分类，这样，你就会知道如何对不同的情形做出反应。这个过程并不难，而且它将实质性地改变你的压力水平。事实上，在我举办的家长培训课上，很多父母说，给孩子的行为分类这个简单的任务，大大改变了他们的反应方式。我们对孩子的很多反应是出于习惯。通过审视孩子们表现出的行为类型，我们就可以改变我们对他们的看法和反应方式。

小 结

· 对于那些存在挑战行为的孩子来说，一个常见问题是情绪过载。这会导致他们无法处理眼前的状况。

· 当孩子习惯于只要与父母意见不一致就争辩时，就会导致一种冲突升级的模式。

· 那些经常争辩的孩子无法思考自己的感受，因为他们太忙于争辩了。

· 人类的大脑只能接收一定数量的信息，超过就会过载。成年人能够比孩子处理更多的信息。

· 人类对"情绪过载"有四种反应方式：反击、逃离、充耳不闻（分离）和呆滞。

· 保持平静、克制并控制我们的反应，是帮助我们的孩子调节他们情绪反应的关键。

第4章

对孩子的行为进行分类，父母才能灵活应对

任何一个办公室管理人员都会告诉你，如果布置得井井有条，大多数工作场所都会运转得更顺畅。如果你知道去哪里拿自己想要的东西，如果你想要的东西就在你预期的位置上，你的效率就会更高。当我们能随时找到需要的东西，我们就能完成更多工作。为了让储存空间更有效率，我们需要对其加以分类——无论是分到文件夹里，还是数字系统的文件里——否则它们只会一团糟。我们将事物进行分类的主要原因是为了下次需要时能轻松找到。我们都经历过那种在需要的时候无法迅速找到某件东西的挫败感，不是吗？

"啊！我的钥匙在哪里？"

在本章，我们将对孩子们的行为进行分类，以便我们能在下次见到它们时知道该怎么做。

为什么要对孩子的行为进行"分类"

每一天，我们都会看到孩子们做出各种行为。有些只是小

孩子的把戏，有些只是为了好玩，有些会让我们高兴。我们在这些情况下的反应往往体现了自己的感受——我们可能漫不经心、平静、欣赏，也可能捧腹大笑。然而，当涉及孩子的问题行为时，如果我们仅凭感受就做出反应——尤其是我们感到恼火、沮丧或者生气时——我们可能就会在不知不觉间鼓励孩子重复他们的挑战行为。

当我们"凭感受"来处理问题行为时，我们最终会对不同类型的行为关注过多或过少。给予不同行为恰当的关注，是一个需要解决的重要问题。如果我们能够提前对不同的行为进行分类，将帮助我们思考如何看待孩子的行为，以便我们能有效地做出回应。

下面是对孩子的行为加以分类的四个主要好处：

- **我们不必对太多行为给予过多关注**。我见过很多父母这样做。这么说吧，他们"煽风点火"，不断地斥责孩子做的每一件事。这意味着孩子得到了大量的关注和回应，无论是积极的还是消极的。如果我们以同样的力度对待孩子的每一种行为，我们就会在无意中奖励孩子的不良行为。然后，我们就上当了。虽然我们不能听之任之，但也不能做过头。

- **我们不会忽视一些我们本应该做出回应的行为，并且最终以大发脾气收场**。这被称作"火山式养育"，指的是父母一再拖延对孩子的不良行为做出回应，直到他们被激怒而爆发。给予孩子这种关注，会给他们传递错误的信息。这就好像在说，他们的行为有时候重要，有时候不重要。

- **我们可以做出前后一致的回应**。将孩子的行为分类，

我们就能做出更一致的回应。因为我们在自己平静的时候划分了孩子不同行为的等级，而不是在激烈争吵的时候。这样，我们就能根据孩子实际做了什么来做出回应。对孩子的行为进行分类，还能让我们分辨出应该将注意力放在什么事情上。

· **我们能成为更灵活、更放松的父母。** 通过给行为分类，我们能选择是忽略某个行为，还是对其做出回应。并不是每一种行为都需要我们采取行动——这样我们就能更放松一点。也不是每一种行为都需要我们用同样的养育工具去处理。经过一段时间，意识到我们有这种灵活性，会减轻我们的压力，并让我们更愉快地承担起养育的职责。

给孩子的行为分类很容易，而且这是你要做的最重要的工作之一。真的。

让我们回到布鲁姆一家……

从上次见面以来，布鲁姆一家已经取得了一些进步。他们再次来到威尔斯医生的办公室，而威尔斯医生认为自己想出了一个帮助他们解决马迪的行为问题的方法。她给马迪做了所有的常规检查，排除了任何童年创伤的可能性，而且她相当肯定马迪没有自闭症或者其他注意力方面的问题。他的听力完好无损。她已经评估过是否是身体原因造成了他这种行为。他既不焦虑也不抑郁。而且，布鲁姆夫妇看上去是一对态度平和的父母，正在试图设立界限。而且，总的来说，他们对马迪也很亲切。威尔斯医生知道马迪在学校的表现要比在家里好。这是一个好迹象，因为这表明马迪在一些情况下能够控制自己。

威尔斯医生能看出来，布鲁姆夫妇都是好人。她知道赛琳娜经常在休假时去学校帮忙，查理也慷慨大方，经常参与孩子们的体育运动。威尔斯医生认为，布鲁姆夫妇也许过于努力——事实上，有些事情没必要那么在意。为了帮助他们理清思路，她打算让他们坐在治疗室的候诊区，给孩子的行为"分类"，以便更清楚地了解孩子的行为。查理对此半信半疑，但是，威尔斯医生保证，如果他们能给孩子的行为分类，他们就会更清楚自己该怎么做。

如何进行分类

首先，我想向你保证，如果你正确理解本书这一部分的内容，我保证你的压力水平会降低一半。这主要是因为你将更清楚哪些行为需要你做出反应，哪些不需要。这项简单的任务不但不会让你的生活变得复杂，反而能帮助你变得更有条理，更容易做出决定。

对孩子的行为进行分类包括四个步骤：

1.观察孩子的不同行为

2.确定他们正在做什么——不要试图解释

3.记录他们正在做的事情

4.对他们正在做的事情分类

观察、确定并记录孩子的行为

观察一件事，然后确定它，意味着我们要描述我们看到、听到或者注意到的事情："他在大喊大叫"或者"她在掐人"。要记录事情本身，而不是我们自己的解读，比如"他是个调皮鬼"或者"她很难相处"。这些话语告诉我们的是我们对孩子的行为有什么感受，而不是孩子实际上正在做什么。所以，第一步是观察孩子的行为，并写下你所看到的，小心不要对其进行解读。

对行为进行分类

我们将孩子的行为主要分为三类：

· **烦人但不严重的行为。**这是那些你认为孩子做出的不太严重而你愿意忽略的行为，比如坐立不安、哼哼唧唧或挖鼻孔。

· **值得鼓励的行为。**这是那些你想看到孩子经常做的事情——比如整理自己的房间、上学前及时穿好衣服以及刷牙。（我们将在第11章探讨鼓励这些行为的方法。）这些事情通常需要花一些时间学习。

· **无法接受的行为。**这是那些你希望孩子立刻停止的更严重的行为，比如打人、大发脾气以及顶嘴。

还有另一个非常重要的类型：

· **大问题**。这会给你一种方法，将所有"无法接受的行为"整理成一个简短而有意义的清单，以便你和孩子能够记住。

一旦我们做好分类，就可以对每种行为采取相应的行动：

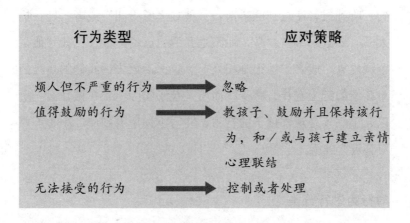

行为类型	应对策略
烦人但不严重的行为 ➡	忽略
值得鼓励的行为 ➡	教孩子、鼓励并且保持该行为，和／或与孩子建立亲情心理联结
无法接受的行为 ➡	控制或者处理

不过，在我们审视自己的行动之前，我们需要将写下的所有行为进行分类。请看看下面的表格。我们将以布鲁姆一家为例，看看他们是怎么做的。

烦人但不严重的行为

赛琳娜和查理已经确定了他们准备忽略的孩子们的行为清单。当然，并不是三个孩子都存在这些行为，总是哼歌的是杰西卡，用"哼"回敬父母的是汤姆，但是，他们想要一张可用于所有三个孩子的清单。让我们看看他们写了什么。

烦人但不严重的行为	放屁、身子扭来扭去、用"哼"回敬父母、用手指敲桌面、哼歌、动来动去
值得鼓励的行为	
无法接受的行为	

该类型的行为对赛琳娜和查理来说无关紧要——它们只是大海里的小虾米。从现在开始，赛琳娜和查理准备不再理会这些行为。赛琳娜不太确定自己是否能做到始终不理会这些行为，但她愿意试试。

值得鼓励的行为

赛琳娜和查理很清楚自己希望更多地看到哪些行为。他们真的希望所有的孩子，尤其是两个男孩，都积极主动地帮忙，参与家务，并做出更大的贡献。下面是他们列的清单。

烦人但不严重的行为	放屁、身子扭来扭去、用"哼"回敬父母、用手指敲桌面、哼歌、动来动去
值得鼓励的行为	周六打扫房间、每天晚上刷牙、放学后把书包带回自己房间、玩完玩具后清理干净、穿好衣服去上学、将脏衣服送到洗衣房
无法接受的行为	

现在，布鲁姆夫妇的清单变得更加清晰。他们知道孩子做的一些事情现在可以忽略，并且他们更清楚自己愿意教孩子并鼓励他们做出哪些行为。单单把这些事情写下来，已经帮助赛琳娜和查理认识到他们可以如何在家里做出改变。他们能看到并不是所有的行为都是了不得的事情，并且知道自己需要对每一种行为想出不同的应对方法。

无法接受的行为

现在，查理和赛琳娜需要思考孩子们的哪些行为是他们无法容忍的。他们很高兴自己不必像某个养育课程建议的那样用"积极"的词汇描述孩子的行为——相反，他们可以像自己实际看到或听到的那样界定孩子的行为。下面是他们填写的清单。

烦人但不严重的行为	放屁、身子扭来扭去、用"哼"回敬父母、用手指敲桌面、哼歌、动来动去
值得鼓励的行为	周六打扫房间、每天晚上刷牙、放学后把书包带回自己房间、玩完玩具后清理干净、穿好衣服去上学、将脏衣服送到洗衣房
无法接受的行为	打人、纠缠不休、在家具上跳、咬人、威胁别人、烦扰别人、大声喊叫、拍打别人、挠人、吐口水、招惹妹妹、打断别人说话、大发脾气、顶嘴、撞头、掐人、争吵、虐猫、损坏玩具、骂人、在墙上乱涂乱画、踢人、吃零食、从枕头里扯羽毛、弹脑门、咆哮

有趣的是，由于孩子们在家里的行为已经失控好几个月，赛琳娜和查理发现有太多行为可以放进"无法接受的行为"那一栏——多达26个！威尔斯医生告诉他们，这很正常，而且，大多数父母提出的"无法接受的行为"，比另外两种行为都多。

列一份"大问题"清单

"无法接受的行为"列出了这么多，布鲁姆一家很难全部记住。所以，赛琳娜和查理用一张更简单的清单将他们试图改变的行为进行分组。这些就是"大问题"，而将这些行为分组会让你更容易告诉你的孩子你希望他们怎么做。

"大问题"是经过分组的行为，每一组只用几个字表达，用孩子能理解的语言描述你希望他们停止做出的行为。它们代表着那些跨越了从"烦人但不严重的行为"到"无法接受的行为"界限的行为。

跨越界限说起来可能很模糊，我知道——我们都有一个不那么容易定义的界限，但它划定了我们认为是社会可接受的行为。有时候，你在家里能忍受的行为，到了社会上就无法忍受。尽管你会听到像我这样的人说，我们对待那些"无法接受的行为"的方式应该始终如一，但是，我承认，你和孩子所处的场合确实很重要。在家里，你可能愿意忽略某种行为（烦人但不严重），但在奶奶家，它就会变成你"无法接受的行为"。

不过，在你列出了"无法接受的行为"之后，你需要考虑这一点：你用这种方法只能列出你能看到的行为。例如，如果孩子气冲冲地跑出你的视线，你就需要用不同的方法处理。这是我们将在第10章讨论的与孩子展开艰难谈话的问题。

为列出"大问题"清单，赛琳娜和查理需要审视他们的"无法接受的行为"清单，看看哪些行为是相似的，然后将其归纳成几种"大问题行为"。

第一个"大问题"

赛琳娜和查理仔细审视了他们列出的长长的无法接受的行为清单。其中有些行为有相似之处。例如，如果你仔细思考，咬人、打人、挠人和撞头行为存在相似之处——它们都与对自己或者别人的身体进行伤害有关。赛琳娜和查理在他们认为有相似之处的行为后面标了星号。他们决定把这个"大问题"称作"伤害他人／自己"，因为这概括了这些行为，而且因为这是所有孩子都能理解的一个名称。

烦人但不严重的行为	放屁、身子扭来扭去、用"哼"回敬父母、用手指敲桌面、哼歌、动来动去
值得鼓励的行为	周六打扫房间、每天晚上刷牙、放学后把书包带回自己房间、玩完玩具后清理干净、穿好衣服去上学、将脏衣服送到洗衣房
无法接受的行为	**打人***、纠缠不休、在家具上跳、**咬人***、威胁别人、烦扰别人、大声喊叫、**拍打别人***、**挠人***、吐口水、招惹妹妹、打断别人说话、大发脾气、顶嘴、**撞头***、**掐人***、争吵、**虐猫***、损坏玩具、骂人、在墙上乱涂乱画、**踢人***、**吃零食***、从枕头里扯羽毛、**弹脑门***、咆哮
大问题	**伤害他人／自己**

第二个"大问题"

让我们试着找出第二个"大问题"。当赛琳娜和查理又一次审视清单时，他们看到还有一些行为是有相似性的，比如纠缠不休、威胁别人、烦扰别人和大声喊叫。这些行为主要与"尊重"有关。但是，尊重这个词有点儿复杂，尤其对于杰西卡和马迪来说，所以，或许把它们称作"言语／行为粗鲁"会更明确。赛琳娜和查理在这些行为后面标上了三角形。

烦人但不严重的行为	放屁、身子扭来扭去、用"哼"回敬父母、用手指敲桌面、哼歌、动来动去
值得鼓励的行为	周六打扫房间、每天晚上刷牙、放学后把书包带回自己房间、玩完玩具后清理干净、穿好衣服去上学、将脏衣服送到洗衣房
无法接受的行为	打人*、**纠缠不休△**、在家具上跳、咬人*、**威胁别人△**、**烦扰别人△**、**大声喊叫△**、拍打别人*、挠人*、**吐口水△**、**招惹妹妹△**、**打断别人说话△**、**大发脾气△**、**顶嘴△**、撞头*、掐人*、**争吵△**、虐猫*、损坏玩具、**骂人△**、在墙上乱涂乱画、踢人*、吃零食*、从枕头里扯羽毛、弹脑门*、**咆哮△**
大问题	伤害他人／自己、**言语／行为粗鲁**

第三个"大问题"

诸如在家具上跳、损坏玩具和从枕头里扯羽毛之类的行为，都与损坏物品有关。孩子更容易理解的一个词可能是"损坏东西"。赛琳娜和查理知道，自己的三个孩子都能明白这个词的意思。这次，他们用圆点来标出这些行为。

烦人但不严重的行为	放屁、身子扭来扭去、用"哼"回敬父母、用手指敲桌面、哼歌、动来动去
值得鼓励的行为	周六打扫房间、每天晚上刷牙、放学后把书包带回自己房间、玩完玩具后清理干净、穿好衣服去上学、将脏衣服送到洗衣房
无法接受的行为	打人*、纠缠不休△、**在家具上跳●**、咬人*、威胁别人△、烦扰别人△、大声喊叫△、拍打别人*、挠人*、吐口水△、招惹妹妹△、打断别人说话△、大发脾气△、顶嘴△、撞头*、掐人*、争吵△、虐猫*、**损坏玩具●**、骂人△、**在墙上乱涂乱画●**、踢人*、吃零食*、**从枕头里扯羽毛●**、弹脑门*、咆哮△
大问题	伤害他人/自己、言语/行为粗鲁、**损坏东西**

你看到赛琳娜和查理是如何将原来的"无法接受的行为"归入三个"大问题"了吧？现在，他们可以将注意力放在将要关注哪类行为以及如何关注上了。

在与查理一起整理过行为清单之后，赛琳娜仔细思考了自己的感受：

一开始，好像每件事都让我烦恼不已，但是，当我将孩子们的行为分为"烦人但不严重的行为""值得鼓励的行为""无法接受的行为"后，我能够看到它们之间的不同。我还第一次发觉，有些行为是我可以忽略的，也就是那些"烦人但不严重的行为"。有些行为我不必担心，而且我可以选择不对其做回应。

列出"大问题"的好处

整理出"大问题"让你更容易知道哪些行为是你要针对的目标，并会帮助你在设定限制时保持前后一致。这样做有三个好处：

1. **帮助你集中注意力，减少孩子的问题的复杂性**。提炼"大问题"的过程，会让你将注意力放在少数几种无法忍受的行为上：只有三四个方面需要关注，会让全家人都觉得不那么复杂。当你要在瞬间做出决定时，只需要考虑三种行为会带来很大的不同。
2. **鼓励你用最简单的语言**，这在你日后处理问题行为时会派上用场。语言很重要。"言语／行为粗鲁"比"不尊重"是一个明确得多的"大问题"，也更容易让一个小孩子理解。"大问题"需要让每个人都理解。
3. **让你准备好向孩子解释家里的这套新规矩**。如果你已经归纳出"大问题"，你将非常清楚你想让自己家里发生什么改变。尽管稍后我们将在本书中探讨一些技巧，但是，你需要清楚地告诉孩子这套新规矩如何运作。否则，他们会感到困惑。提前归纳出你的"大问题"，意味着你可以为这次谈话做好准备。

最大的"大问题"

根据我的经验，赛琳娜和查理列出的三个"大问题"——也就是"伤害他人／自己"、"言语／行为粗鲁"和"损坏东西"，是"大问题"中最大的几个。它们可能也都出现在你的清单上，尽管用的名词可能不太一样。根据我的经验，这三类行为占到了父母抱怨的不良行为的90%以上。我与5000多位父母和专业人士做过这个练习，都得出了同样的结论。

你可能会增加其他一些行为——一些你们家特有的行为，比如，3岁的孩子爱咬人。但是，这些行为都不如那三个"大问题"常见，所以，我往往将它们叫作"大问题"的"添加"。你可以看看这是否符合你们家的情况。

现在，轮到你了

一旦你观察并确定了你的孩子的行为，就该对它们进行分类了。在"烦人但不严重的行为"一栏写下大约6种行为，在"值得鼓励的行为"一栏写下大约6种行为，在"无法接受的行为"一栏写下20种或更多行为。从这些行为中，你就能确认你的"大问题"。把这张清单写下来，并且贴在冰箱上，这样，每个人就都很清楚"大问题"是什么，以及孩子们"越界"后会发生什么。稍后，当你看到孩子做这些事情，而你想用它向孩子解释时，我们将再次回到这个清单。

烦人但不严重的行为	
值得鼓励的行为	
无法接受的行为	
大问题	

到改变的时候了！

在本书后面的几章，尤其是第6、7、8、9、10章，我将让你看到处理"大问题"的一些方法。但是，在了解这些方法之前，我们需要看看当你开始改变孩子的行为时会发生什么。改变一个家庭系统绝非易事，如果知道会发生什么，将有助于你坚持下去。减少"大问题"是你的目标，要实现目标，你需要开始做出一些改变，并且坚持下去。在下一章，我们将聊聊这些改变，以便让你更好地了解未来将发生什么。

小 结

· 对孩子的行为进行分类有四个好处：我们不必对太多行为给予太多关注；帮助我们避免以错误的方式关注孩子的行为；帮助我们在处理问题行为时更能做到前后一致；让我们更灵活、更放松。

· 为了对孩子的行为进行分类，我们观察行为并将其记录下来，确定我们看到了什么、听到了什么，然后对行为进行分类。

· 孩子的行为可以分为三类：烦人但不严重的行为、值得鼓励的行为、无法接受的行为。

· 对行为进行分类的最后一步，是将"无法接受的行为"分组为"大问题"。这会让我们集中注意力、减少问题的复杂性、鼓励我们使用简单的语言，并且让我们为开启与孩子的谈话做好准备。

第2篇

改变

第5章

理解家庭里的系统和模式

在我们周围，有各种系统在运作。我们有交通系统、天气系统、银行系统和健康系统；有一个呼吸系统和循环系统；还有地质系统和太阳系。无论我们知道与否，我们都有一个家庭系统。所有这些系统都有一个共同点：它们由相互配合的部分组成。这就是系统的本质。

如果我们以"系统视角"看待事情，我们将分辨出一个系统的不同部分是如何互相联系的。如果我们能看到这些部分是如何配合的，我们就能弄清楚它们是如何保持不变，以及，更重要的，如何调整它们。知道这一点至关重要，因为如果我们能改变我们处理孩子问题行为的方式，我们也会改变我们的家庭系统——而且我们需要仔细审视一下这意味着什么。

我喜欢谈论的系统之一是汽车发动机。它由各种部件构成：火花塞、燃料、电池、化油器、引线等等。拿掉电池，发动机无法工作。拿掉化油器，发动机无法工作。把火花塞都拿出来，发动机无法工作。但是，如果你只拿出一个火花塞[①]，会发生什

––––––––––––

[①] 一辆汽车的火花塞数量与该车的缸数相同。四缸车有四个火花塞，六缸车有六个火花塞。——译者注

么？尽管发动机运转起来有些不同，但它依然能工作。发动机的每一个部件都依赖其他部件，以便尽最大可能地让发动机工作。如果你随意拆换发动机的一个部件，就会影响其他部件。系统就是这样工作的。

那么，这与你家里正在发生的事情有什么关系？事实上，关系很大。

家庭像系统一样运转

那些与家庭打交道并研究其动态的人知道，家庭就像系统一样运转。这个系统往往在很长一段时间内保持不变，直到某件事情让它的运转方式发生改变。例如，家庭系统会在孩子十几岁时发生改变。随着十几岁的孩子开始塑造自己的身份，很多家庭聚在一起的时间就不那么多了。十几岁的孩子想花更多时间和朋友们在一起，并且想把更多时间花在他们的社交网站上。系统的这类改变可能是让人很难适应的。

家庭系统的一些改变甚至比这种情况还要大。想想那些在海外——比如在伊拉克或者阿富汗等冲突地区——服完兵役回来的男男女女。一些男兵和女兵被他们的经历极大地改变，以至于当他们回归自己的家庭，他们与家人的关系不一样了。很多士兵在战后出现了创伤症状，而且身体承受着它的影响。很多人的改变如此之大，以至于他们再也不知道如何做回曾经的自己。当发生这种情况，他们的家庭系统和模式会发生巨大改变。

我们对于那些出现行为问题的孩子的了解是，他们的行为通常是随着时间的推移逐渐形成的。在某个时刻它出现并且继续发展。尽管所有的孩子生来就有不一样的脾性和基因，但是，家庭环境也可以帮助形成和保持他们的行为模式。当然，没有人会刻意与孩子们进行无谓的争吵，但是，如果家庭系统倾向于支持孩子的问题行为，那么更严重的问题就会应运而生。

不要认为我在指责父母。如我所言，大多数父母都希望更好地处理他们孩子的行为，但并不总是知道该如何做。相反，通过一遍遍地重复相同的反应，我们可能就在无意间助长了孩子的不良行为。例如，如果孩子出现问题行为，我们就习惯性地提高嗓音，那么我们就会建立一种模式，让他们认为只有我们对他们大喊大叫时我们才是认真的。这建立的并不是一个好模式，因为：

- 有压力没那么大的其他方式可以获得一个好结果
- 大喊大叫并不能帮助孩子培养自我调节能力

记住，这就是本书的内容——帮助孩子学会成功地克制自己的冲动。如果你知道怎么做，你就可以以平和的方式做到。

布鲁姆一家的家庭系统存在问题

最近，查理·布鲁姆与5岁的杰西卡之间形成了一个过于明显的模式——他让他的"公主"额外吃甜食来满足她对甜食的嗜好。尽管赛琳娜对此心知肚明，并且不允许杰西卡额外吃甜食，但同样作为一个甜食爱好者，查理经常在晚餐快结束时屈服于杰西卡要求吃更多甜食的纠缠。此举已经在家庭内部引起了几次小冲突——不仅因为两个男孩觉得自己受到了亏待，而且因为赛琳娜能看出来杰西卡明显超重了。

　　相比查理，赛琳娜更清楚杰西卡在学校里一直被人取笑。赛琳娜还看到，当查理向杰西卡的纠缠屈服，就会形成杰西卡一遍遍得到奖励的局面。赛琳娜喜欢查理与孩子们的相处方式——他的举止活力四射、态度无忧无虑，还有他爱热闹的性格——但是，"吃"这件事正在成为一个问题，而且她希望他能好好想想该如何处理杰西卡在两餐之间的"零食"问题。对于查理来说，他意识到杰西卡喜欢他给她甜食——这是他们之间的"事情"——不难理解，这让他感觉很好。

　　威尔斯医生见过很多超重儿童。她决定说出自己的想法——不仅是超重和肥胖儿童面临的问题，还有赛琳娜和查理管教孩子时意见一致有多么重要的问题。威尔斯医生能看出来，查理是一个好心眼儿的爸爸，但是，父母双方需要对准备放手的事情以及打算限制的事情保持一致。他们都希望培养快乐、适应力强的孩子；他们知道双方有相同的愿望。

　　尽管不太情愿，但查理接受了威尔斯医生对于孩子吃得过多问题的看法。一来二去，最终，赛琳娜和查理达成了共识，至少在原则上，他们需要对孩子的行为保持意见一致。他们会给孩子们很多爱和特别时光，但是，同样，在一些重要时刻，他们也会保持一致和坚定。

　　外婆玛丽亚·巴托丽对此还不知情，赛琳娜一直推迟与妈妈谈论这件事。她妈妈经常给外孙们买很多巧克力，所以，赛琳娜的这场"食物战争"至少在三线作战——和她妈妈、和查理、和杰西卡贪婪的胃口。赛琳娜爱她的妈妈，但是，她相信现在已经到了所有成年人保持一致的时候了。威尔斯医生谈论了家里所有成年人在影响孩子的事情上保持意见一致的重要性，而且赛琳娜也能看到她妈妈也是这个家庭系统的一部分。

我们需要了解家庭里的系统和模式

家庭里的模式通常是稳定的。它们会一遍又一遍地重复。如果一个模式已经出现了100次，它很可能会出现第101次。所有的家庭都会因为共同生活而形成习惯。有些习惯很健康——比如一起吃饭和举办家庭庆祝活动等支持性习惯。其他习惯，比如大喊大叫以及摔门而出以回避解决问题，是不健康的。

当儿科医生和心理医生评估孩子的行为问题时，他们会尽可能多地找出与该行为密切相关的家庭模式。他们通常会问父母这样的问题："他的这种行为持续多长时间了？"或者"这种行为是什么时候出现的？"他们希望知道该模式持续了多长时间，以及是什么让它持续下来。这会帮助他们理解这个问题是如何持续了这么长时间以及家庭系统的哪一部分需要改变才有助于解决该问题。

行为之所以重复，是因为我们能从中获得好处

下页的卡通图反映了在很多家庭存在的一种相当常见的模式。正如我们在前几章中看到的，马迪和妈妈赛琳娜之间已经形成了一个模式——一个已经持续好几年的模式。随着时间的推移，马迪已经习惯了用大喊大叫来达到自己的目的，因为大多数时候——尽管不是回回如此，但成功的次数也足够多了——他的大喊大叫会让赛琳娜让步，并屈服于他的意愿。

你认为马迪会改变他的行为吗？恐怕不会。为什么？因为这对他管用。当他对着妈妈大喊大叫，她通常会屈服。而当她屈服，马迪就能得到自己想要的，而赛琳娜也能避免进一步生气上火。但是，马迪每这样做一次，赛琳娜每屈服一次，她

都会付出长期的代价——马迪下次可能还会冲她大喊大叫。屈服能让她松一口气,因为问题消失了,但是,这只会让她将来在马迪大喊大叫时更可能继续屈服。而且马迪又从中学到了什么?很重要的事情:不仅当事情不按照他的意愿发展时大喊大叫是可以接受的,而且如果未来他大喊大叫的次数更多,他的妈妈就更可能让他得到他想要的。

　　这种模式，也就是讨论往往逐渐演变成争辩的模式，可以在家庭里经常上演。这是那种会一遍又一遍出现的模式，因为孩子经常赢，足以使其变得值得。在布鲁姆家，这个模式在这一个月内可能已经以这样或那样的方式上演了20次。明天，就可能上演第21次，而下周可能会上演第22次，如此继续下去……直到某件事或者某个人改变它。

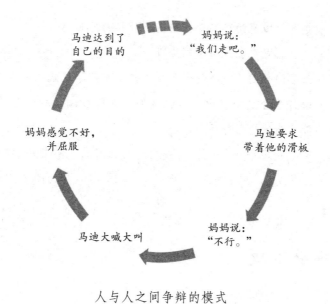

马迪达到了自己的目的

妈妈说："我们走吧。"

妈妈感觉不好，并屈服

马迪要求带着他的滑板

马迪大喊大叫

妈妈说："不行。"

人与人之间争辩的模式

　　很快，我们就将开始审视我们如何才能改变可能维持孩子问题行为的模式和系统，然后，在下一章，我们将真正地直面"如何做"的部分。但是，现在是时候停下来看看我们到目前为止讲过什么内容了。而且我想让你做一个练习。我保证这个练习不难，不过需要花点儿时间。

反思你的家庭

我要让你做一件不同寻常的事情——把这本书放下几天。我想让你标记一下读到了哪里，停止阅读并且花一两天时间反思你的家庭和你自己。观察你的家里正在发生什么以及你是如何对你的孩子做出反应的。不要改变任何事情，但一定要思考我们目前为止讲过的原则：

- 养育领域有两种趋势：由内而外和由外而内
- 孩子的发育会经历不同阶段
- 孩子们会因为过多的说教或者情绪而情绪过载
- 给行为分类很重要，这样我们就知道应该对我们看到的行为采取什么行动
- 家庭就像一个系统，而我们的所作所为能够让一些问题反复发生

父母的反思

现在，想想你在过去几天观察到的你的家庭系统和模式，以及你自己的行为和反应。请回答以下问题。

你在过去的几天里哪些事情做得"少了"？

_____

_____

_____

_____

_____

_____

_____

你在过去几天里哪些事情做得"多了"？

_____

_____

_____

_____

_____

_____

_____

做过该练习的其他父母的回答

在让上千位父母做过该练习后，我发现几个类似的回答一次又一次地出现：

- 这周我的说教少了——尽管做起来很难，但我意识到我为了太多事情责骂儿子。理解了"烦人但不严重的行为"，帮助我下决心不再唠叨那么多。有那么多大事情需要操心，不需要对小事情斤斤计较。
- 我只提高嗓门说了几次。她真是个好孩子。
- 我大喊大叫的次数少了。

·我看到的"烦人但不严重的行为"比以前多了。

·这周我更愿意对一些事情放手。

·在"观察"时，最难的是什么都不说。

你可以改变你家庭里的模式

关于别人如何试图改变我们做事方式的例子有很多。近年来，我们经常被要求在很多方面调整自己的行为，比如：

·使用防晒霜以预防皮肤癌："套件衬衫"（slip）"涂防晒霜"（slop）"戴上帽子"（slap）①

·带上可重复使用的袋子去超市以减少塑料袋的使用

·利用雨水收集器和其他蓄水技术来限制我们的水资源浪费

·在超市使用自助收银台，以节省他们的员工成本

适应这些改变需要一些时间。当你的家庭模式发生变化时，你和孩子们也会有类似的经历。如果你的孩子们一直在以一种模式化的方式做出不良行为，那么他们往往已经形成这种模式很长时间了。当你改变这种模式，就会出现一些小问题，而且你的孩子需要一些时间来习惯新的做事方式。

---

①Slip,slop,slap 是国际公认的防止太阳晒伤的安全措施。Slip，"套件衬衫"，指的是穿一件长袖衬衫或者防晒服。Slop，"涂防晒霜"，指的是涂抹 SPF30 以上的防晒霜。Slap，"戴上帽子"，指的是戴一顶宽檐或者带帽檐的帽子。——译者注

适应系统的改变

下面是我自己的故事，生动地说明了我们可能会如何抵制对熟悉系统的改变，以及伴随着时间的推移和正确的帮助，我们如何克服这种抵制。

大约6年前，我开始在澳大利亚和新西兰开展定期培训项目。那时，我乘坐的航空公司引入了一套旅客信息处理系统——自助值机系统。就是那些位于机场航站楼的入口处、样子很像自动取款机的机器，只要你输入你的姓名和订票信息，它们就会为你制作一张登机牌。

在自助值机设备安装好，我第一次排队值机时，一位机场地勤人员向我走来，说："您好，先生，我可以向您演示一下如何使用我们的新自助值机设备吗？"她指着那台机器说："您的机票预订号是多少？"

由于我习惯在柜台办理登机手续，我很抗拒这位工作人员"带我见世面"的努力。略微皱了皱眉，我问："我能跟其他人说话吗？"虽然我并不粗鲁，但我对于这一新事物颇有微词，也不愿意配合航空公司"教"我新的做事方式的努力。

此后，每当我走进机场，类似的事情就会上演："先生，我可以帮您吗？我能向您演示如何使用这台自助值机设备吗？"在我的内心深处，我相信这不过是航空公司让我替他们工作的又一个新手段。我还知道，这套新系统会让很多人失去工作。但是，我之所以抗拒的第三个原因——如果让我说实话——是我对于在机器上操作触屏没那么有信心。它很陌生，而且我也不确定自己能否按照要求做到。

头几次遇到这种情况时，我没什么动力去克服自己的心理障碍。我看上去可能有点儿心不在焉、无精打采、漠不关心。我面无表情，双手抱臂。所有的外在信号都表明我缺乏热情。不过，后来的几次，当我不赶时间时，地勤人员鼓动起我来就更容易了。"我不赶时间，"我想，"为什么不试试呢？"工作人员每一次接近我的方法都是一样的，而且每一次我都答应参与，我一点点地了解如何操作这个设备。

航空公司让我越来越习惯它希望我做的事情。地勤人员对我进行了安抚和指导。逐渐地，我被哄着、鼓励着改成使用新系统。最后的结果是，地勤人员把我教得那么好，以至于当我的同事陪我一起参加培训课程时，我有时候会试图训练他们使用自助值机设备："你知道如何使用吗？我知道！过来，我来帮你。"

航空公司的目标是让使用自助值机设备成为乘客值机的一个"常规"方式，并在这个过程中改变成千上万旅客的行为。航空公司的管理层知道这需要时间和努力。他们知道并不是每个人都欢迎这种改变，而且他们必须坚持不懈，训练员工与固执的乘客打交道。航空公司知道他们不必毕其功于一役。他们也做不到。显然，他们的员工将会遇到各种各样的乘客——年轻的、上岁数的、使用过触屏设备的、没使用过触屏设备的。有些人对于替航空公司做它们应该做的事情甚至比我还反感；还有些人，就像我，只是更喜欢与真人打交道。

改变我们的家庭系统需要时间

说到改变一个家庭内的系统，我希望你记住这一点：孩子们考虑眼前，但你需要考虑未来几周或几个月的事情。正如航空公司为了改变其乘客的行为而制定了一个长期计划一样，你对待改变的眼光也需要比孩子的长远。而且，如果你试图改变他们的行为，可能的情况是，系统——你的家庭系统——将很难适应这一新的做事方式，至少在一段时间内如此。

但是，你阅读本书是有原因的——因为你想换一种做事方式。当你在你的家里看到改变的需要时，你就不得不直面一个重要事实：在一个大人-孩子模式中，唯一能对一个模式做出改变的人是你，而且需要花好几个月时间。你还可以预料到你的孩子不愿意参与改变，只是因为他们已经习惯了事情按照一个特定方式发生。和成年人会抗拒改变一样，你的孩子也不可能欢迎你改善他们行为的努力。

在这些时候，你需要像航空公司职员对待我一样对待你的孩子——坚持不懈、冷静并且提供帮助。如果需要花些时间才能看到改善，你也不应该灰心丧气，或者忍不住重拾旧习惯，比如，提高嗓门说话或者强迫孩子守规矩。如果你前后保持一致，你将会看到积极的改变发生。保持前后一致是关键。

孩子往往抗拒改变

当你试图改变那些随着时间的推移而形成的行为，你的孩子们会抗拒你塑造他们行为的努力，而且有时候，他们还会加大抗拒力度，以便回到以前的模式。他们与你我一样，都是习惯的产物。他们可能已经习惯事情按照一种特定方式发生很长时间了，所以，他们会抗拒和抱怨，并且希望事情保持原状。这类破坏行为会以多种形式表现出来。

下面是如果孩子的行为受到质疑时，他们会表现出的几种行为。这些是我们可以预见的反抗迹象，但是，如果我们坚

恳求　　　　　　　　恼羞成怒　　　　　　　挑衅

寻求同情　　　　　　　　大发脾气

持，这些行为会减少。

　　这里表达的主要信息是，孩子们会努力抗拒改变，而且重要的是，不要把他们的不良行为当作是针对你的。这些不良行为并非是孩子在试图惩罚你或者激怒你，而通常是下意识地恢复原状的尝试。孩子们因为我们没有按照他们喜欢的方式做事而生我们的气，并不会让他们憎恨我们。不过，不幸的是，我见过很多父母对与他们的孩子保持良好关系过度担心。但事情是这样的：你的孩子与你之间存在一种美妙的亲情心理联结，叫作依恋，这种依恋非常、非常牢固。几乎每一个孩子都会形成这种依恋，而且大部分依恋形式都属于安全型依恋，这基本上意味着当事情没有按照孩子的意愿发展时，你与他们之间的关系、他们与你之间的关系能够经受得住一句"我恨你!"或者"你是一个刻薄又可怕的妈妈／爸爸!"。

所以，要相信你们之间的依恋。它很牢固而且一直存在。他们终究不会因为你设定一个界限而恨你。事实上，很多年后的某一天，他们可能会感谢你。

当改变来到布鲁姆家的那一天

马迪·布鲁姆就要在家里经历一次改变了。在咨询过威尔斯医生，得到了关于做什么的线索后，布鲁姆夫妇做好了如果马迪做出不良行为他们该做什么的准备。

你可能还记得前几章中提到的马迪的行为。马迪：

- 他经常大吼大叫
- 他经常不听话
- 当事情不如意时，他很容易被激怒
- 他经常纠缠父母
- 他控制自己坏脾气的能力非常有限

你可能认为如果布鲁姆夫妇一直做"正确"的事情，马迪的这些行为会随着时间的推移而减少。我们可以用一张图来说明。你可能认为，随着时间的推移，他大喊大叫的行为会变得不那么频繁。

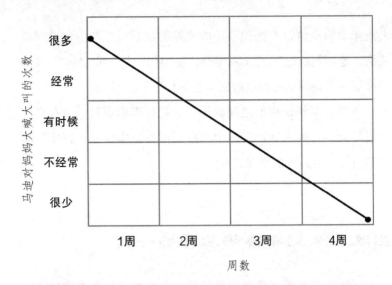

第1周刚开始，马迪向妈妈大喊大叫的次数"很多"。然后，随着几周过去，大喊大叫的次数从"很多"减少到"经常"，再到"有时候""不经常"，到第4周时减少到"很少"。

但是，在现实中，马迪大喊大叫的次数减少趋势未必如此平滑顺畅。第二张图显示了可能会发生什么。

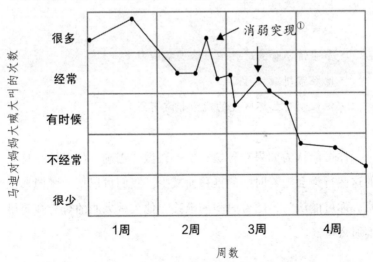

①削弱突现，extinction burst，心理学术语，指不良行为突然增加。——译者注

任何人的行为改变很少能顺利进行。改变的趋势通常不会呈一条直线。可能发生的是，马迪的很多不良行为事实上可能会先恶化，然后才会改善。他大喊大叫的次数一开始可能会增加，因为他希望恢复原来的旧模式。改变他的行为需要时间。但是，如果赛琳娜和查理坚持不懈，他们会进入一种新模式。这些在改变的过程中相伴的行为爆发，叫作削弱突现。你会在我们努力限制孩子的行为而他们明显变得更抗拒或者他们看上去正在改善却又陷入问题行为的情况下看到它们。

行为科学家做过的数千次实验都证明了同一件事：人们不喜欢改变，但是，随着时间的推移和"改变代理人"——在这里，指的是你——的坚持不懈，他们通常会适应改变。回报还包括随着时间的推移，父母将不需要那么经常介入，家庭生活会变得更平静，而且你将更有精力参与一些有趣的活动。那么刚开始时遭遇一些抵抗也是值得的，不是吗？

那么，接下来讲什么

在下一篇，我将向你介绍一些行为改变工具，我希望这将增加你在处理各种问题行为时的选择。和所有自助项目一样，你将需要不同的工具来完成该项工作的不同部分。接下来的每一章，我都会向你展示一些区别很大的养育方法，目的是培养孩子的自我调节能力，并增强你与他们之间的关系。

小 结

· 家庭像系统一样运转，并且由相互协作的不同部分构成。在这些系统里，存在着很多决定家庭成员如何行为的模式。

· 家庭系统往往在长时间内保持不变，而且模式往往会不断地重复，直到有些事情让其运转方式发生改变。

· 孩子的问题行为是经年累月形成的，家庭系统往往还会帮助维持这种行为。父母并不是有意让这种情况发生的。

· 在大人–孩子的关系中，只有大人能真正改变一个家庭模式。

· 对一个家庭系统或者模式的任何改变，都伴随着对这种新做事方式的抗拒和挣扎，至少在一段时间内如此。任何人行为的改变都不会一帆风顺。

· 一个家庭里的改变需要时间——几周、几个月甚至更长时间。

· 当实施改变时，孩子们可能会做出很多破坏行为。可以预测到几种抗拒形式：恳求、恼羞成怒、挑衅、寻求同情、大发脾气。

第 3 篇

平和地处理问题行为

第6章

平和地处理问题行为的"三个选择"模型

我的哥哥大卫是一名消防志愿者。他告诉我，有时候他发现处理那些由于驾驶员"打滑"但不知道如何摆脱困境而导致的车祸，让他感到沮丧：

我们教人们如何在路况良好的情况下开车，而且他们也学会了这些基本知识。我们并没有教他们如何处理路况糟糕而且不得不运用额外的技巧让自己脱困的情形。我见过那么多人遇到了车辆打滑而自己却无法脱困的情况。

当孩子的行为变得难以处理，我们往往会越来越频繁地与他们陷入"打滑"状态。正如我在前面指出的，当我还是一个社区心理医生时，我见过的绝大多数父母都不是因为家里一切顺利而来我们心理咨询中心的。他们之所以来，是因为他们已经受够了也烦透了做什么事都不管用。面对那些无时无刻不想争辩的孩子，他们发现越来越难克制自己不予以回击。

一个有用的 "下拉菜单"

所以，当面临一次 "打滑" 时，我们该如何克制那些冲动并做出最好的决定来处理我们孩子的行为呢？我们需要一个简单的原则或者策略作为参考，这样我们就不会以我们的感受作为做出反应的唯一依据。如果我们有一个关于该做什么的简单、易记的模型，那么，即使在我们的情绪剧烈波动或者孩子的一天过得很糟糕的情况下，我们也更有可能做出前后一致而冷静的反应。当所有事情都失去控制，这将是你的 "定海神针"，让你不会忍不住做出将来会后悔的事情。

我向你介绍的这三个主要策略，将给你提供一个易于获取的清单，来帮助你记住当你和孩子之间出现 "打滑" 时该做什么。我把这个工具称为 "思维管理器"——一个易于记忆又能帮助你想出怎么做的东西。尽管管理器可以有多种形式，比如新手指南、备忘单、押韵词、首字母缩写（例如，SWOT——优势、劣势、机会、威胁）以及简单的视觉信号。"三个选择" 模型是一个简单的思维管理器，可以帮助你决定如何对待你的孩子的行为。

什么是 "三个选择" 模型

回想一下第4章，你分辨出你的孩子的行为并且将其分类为 "烦人但不严重的行为" "值得鼓励的行为" "无法接受的行为"。我说过，每一类行为都有与之对应的父母的行动。

· 烦人但不严重的行为：有意识地忽略这类行为。

- 值得鼓励的行为：教孩子、鼓励和／或与你的孩子建立亲情心理联结。
- 无法接受的行为：控制或者处理这类行为。

在本书后面的章节，我们将更详细地探讨如何促进"值得鼓励的行为"（见第11章）。不过，现在我们将集中关注"烦人但不严重的行为"和"无法接受的行为"，这正是"三个选择"模型发挥作用的地方。它将帮助你弄清楚当你的孩子出现不良行为时你接下来要做什么，而且它很容易记。

在这个"三个选择"模型中，你在面对孩子的问题行为时有三个选择：

- 忽略你的孩子的行为（如果该行为很烦人，但不严重）
- 数"1，2，3"示意你的孩子停止正在做的事情，并且尝试转移他们的注意力（如果该行为是一个"大问题"）
- 对你的孩子进行情绪辅导（如果该行为不是针对你的，或者如果该行为不是一个"大问题"）

在接下来的三章，我将详细讲解这三个选择，以便描述它们是如何工作的，以及你可以做些什么来使用它们。

达成共识有帮助

但是，在我们深入探讨细节之前，我需要再提出一个能真正帮助你让"三个选择"模型发挥最佳效果的原则：达成共识。如果有可能，你们家里所有成年人（即使他们住在各自的家里）应该意见一致。当然，总是做到这一点是不可能的，而且照顾你的孩子（或者孩子们）的成年人都有自己的不同之处和独特风格。但是，如果你们能够对一些真正重要的原则达成共识，就可以减少很多痛苦，并且避免让你的孩子看到冲突——不团结会让一个已经充满挑战的乱局乱上加乱。

这是与"三个选择"模型有关的事情。只要有可能，所有成年人都需要尽可能地前后一致而且冷静地运用这个模型。

达成共识如何帮助布鲁姆一家

布鲁姆家的几个成年人得到的回报，是他们的回应更有可预测性。查理、赛琳娜和外婆巴托丽已经讨论过他们需要更好地处理的几个"大问题"，并且同意在使用"三个选择"模型时互相支持。他们还讨论了其他具体问题，比如查理和巴托丽让杰西卡吃太多甜食的问题（见第5章）。这是布鲁姆家里一件没有达成共识的事情，一些成年人对食物的要求比其他人宽松。如果要改变杰西卡的饮食习惯，三位成年人需要采取相同的方法：可以偶尔开小灶，但不能一直开。他们都同意，甜食可以在周六晚餐后吃，但其他时间不行。如果查理或者外婆想犒劳杰西卡或者两个男孩儿，他们就要和孩子们玩游戏，比如玩手球、转呼啦圈或者踢足球。

小 结

· 当我们与孩子之间出现"打滑"时，我们就需要一个简单的策略来参考，这样我们就不会单凭我们的感受或者情绪做出反应。

· "三个选择"模型是一个"思维管理器"，或者是一个记住要做什么的简单方法。

· 如果有可能，你家里的所有成年人需要在"三个选择"模型的运用上达成共识，以便避免不团结、额外的冲突以及给孩子传达不一致的信息。

第7章

忽略孩子的行为，并控制好你自己

回到第4章，当我们对孩子的行为进行分类时，我们试图找出哪些行为不值得做出反应。这些是"烦人但不严重的行为"，而且我建议你将它们列一个清单。目的是确定哪些行为是你们可以有意忽略的。你的孩子扭来扭去真的那么严重吗？你能忍受孩子噘嘴、生闷气或者哼唧的时刻吗？这些是你要问自己的问题。

因此，从整体来看，有些行为实际上真的完全不值得关注。而且，如果你在不需要关注的时候关注了，你就在冒破坏你与你的孩子之间关系的风险，并且你可能最终会在一些或许可以自行解决的问题上与孩子争吵。要看看你的"烦人但不严重的行为"清单。你已经确定这些行为并不严重也不值得采取行动。与其小题大做，不如选择放手。

所以，当面对你的孩子的不良行为时，我建议你迅速问自己几个问题：

· 它在我的"烦人但不严重的行为"清单上吗？
· 这种行为只是让我恼火，并不值得做出反应吗？

· 这种行为会随着时间流逝而自行消失吗？

· 我此刻需要采取行动吗？

　　这将帮助你决定是否忽略这一行为。要记住，养育孩子的一个重要部分，是知道哪些行为可以忽略。你不做什么与你做什么同样重要。做到这一点并不容易，但它将帮助你把精力集中在你真正需要处理的事情上。

　　还要记住，情境在我们允许或者不允许孩子做某件事情方面起着重要作用。例如，你在家里能容忍的行为到了家庭烧烤活动上就不可接受。我们中的一些人可能会允许孩子说脏话，只要他们不侮辱或者辱骂任何人，但我们不希望这种情况发生在奶奶家。所以，换句话说，情境有"私人"和"公共"之分——那些你可以对一些事情视而不见的场合和情形，以及那些你需要帮助你的孩子考虑事情发生的社会环境的场合和情形。

　　无论你做何决定，你都需要弄清楚你在一些特定情况下要怎么做。这是你的家庭——你必须找出你的"大问题"——而且，这是一件主观的事情，取决于你的价值观以及你对于家庭之外的人的看法和反应的重视程度。无论如何，你都需要明白，一，前后一致对于你的孩子很重要。以及，二，他们可能不能完全理解相似情境之间的差异。他们需要你的帮助和引导。

为了忽略孩子的行为，我们需要先控制自己

　　在第5章，当我们审视家庭系统，我们确定，当我们实施任何改变时，我们孩子的行为在短期内可能会变得更糟糕。对一个家庭系统里的一部分做出任何改变，都会在某种程度上影响

该系统的每一部分——而且这包括父母。所以，当你的孩子为了让系统恢复原状而生气时，你可能会忍不住想报复，尤其是在头几天。但你要记住：你能够克服这个反击的习惯。我可以教给你一种方法来做到这一点，但剩下的就靠你自己了。

面对压力保持"稳定"真的很重要，这样我们就能给孩子传递我们可靠又前后一致这个信息。

如果你想你的孩子们克制，你要先克制自己

选择忽略孩子的一些行为而不是过度反应，意味着我们不得不先克制自己。心理学家丹尼尔·戈尔曼谈到了成年人"作为观察者的自己（observer self）"的作用——观察我们自己的情绪但不被情绪控制的能力。我在第1章中提到的10—13岁的男孩，才刚刚意识到这种能力甚至也存在于自己身上。

我们会在我们内心感到沮丧但外表看起来沉着而冷静时，注意到这种观察自身情绪但不被情绪控制的能力。就像一只鸭子在划水，水面上看上去很平静但水面下却动个不停。当我们能够像这样观察和注意情绪而不会被情绪吞噬，这就是我们成熟的一个标志。当然，在应对"大问题"行为时，控制我们的情绪甚至会变得更重要，我们将在接下来的几章中详细探讨这一点。

如果你的血压飙升，你能做什么？

当然，在你的孩子挑衅或者惹怒你时保持镇定、冷静和理智非常困难。我的意思是，你可能需要更擅长处理做出反应的冲动并让你正确的脑区运转。你不必做出反应。有时候，你只需要一个逃避计划，以便知道在任何情况下该做什么。

如果你发现你的孩子确实在故意激怒你，你有很多其他选择：

1.**控制你的身体**。吸气并且呼气，但要多呼出一些。这样做10次。你的心跳会更慢，而且你也会更冷静。如果我们已经有点儿生气，而且我们通过深呼吸吸入更多氧气，就会给心脏供应更多氧气。让你自己平静下来的一个小窍门，是减少氧气吸入。所以，当你面对困难情形进行呼吸时，要吸气，1-2-3，然后，多呼出一些，3-2-1-1-1。

2.**暂停……思考……然后做出回应**。这样你就不会忍不住做出反应。可以去你的"下拉菜单"查看选项——"三个选择"模型——来处理你的孩子的行为。可能是忽略它，或者可能是通过我将在下面几章中向你介绍的方法来处理这一行为。通常其中一种方法会管用。

3.**问问自己**：这是我必须解决的一个问题吗？你的孩子可能在小题大做，但这并不一定是你要面对的问题。要设法弄明白这个问题是属于你还是你的孩子。

4.**让自己离开并寻求冷静**。如果你觉得自己真的被激怒，可以咬紧嘴唇，可以咬紧牙关，也可以走开，如果你需要的话。尽量不要通过发脾气来获得合作。这可能是你和孩子们习惯了的做法，但它不会教给他们自我调节。

5.**练习冥想**。除非我们认为要想成为更用心的父母，我们都需要冷静或者专注于自身的时间，否则本书的所有内容都是无效的。所以，除了采取这些快速措施来防止你的血压升高之外，可以考虑定期做冥想。越来越多的研究证明，我们的精神在一天中能得到片刻安宁，就可以而且确实能够帮助我们所有人更轻松地进行自我调节。可以看看本书"资源与延伸阅读"部分的"精神安宁"网站。

保持疏离不会破坏你与孩子的关系

当你面对你的孩子的问题行为时，你需要记住，在一个难以应对的养育时刻，你是可以改变方法的。这意味着你可以从温暖和感性变得冷静，然后变得坚定和不带情绪。这是当你使用"三个选择"模型的任何一个选项——忽略、数"1，2，3"或者情绪辅导——时要掌握的一项关键技能。

这种暂时的冷淡或者疏离是为了帮助我们的孩子形成自我调节能力所必需的。我们在大多数时间依然可以保持温暖、连接和依恋关系，但当我们的孩子开始做出某些问题行为，就不能一切照旧了。我们要采用不同的方法。取而代之的是，我们需要进入大脑中保持理性的区域，并且集中注意力在需要做的事情上。

我们可以从我们社区里这样处理问题的专业人士身上学到一些东西。例如，急救人员要学会与他们观察到的痛苦保持疏离。这意味着他们必须将自己的感情搁在一边儿，同时做他们需要做的事情。急救人员的职责不在于创造；他们要在一个有限的选择范围内遵循一套既定的程序。他们从自己的学习和训练以及从该领域的前辈的经历中知道，他们可以通过按照一种特定的方式和一个特定的顺序做事，来最大程度上确保人们的安全。即使在前往一个急救现场的路上，他们也在做着准备。例如，在一个车祸现场，他们知道要将救护车停在一个安全的距离，保持应急灯亮起，查看现场的危险因素，确保现场安全，然后开始工作。为了冷静、理性地做到这些，急救人员在他们的培训过程中要超量学习操作程序，这样他们就能在压力很大的情况知道该做什么。这能帮助他们让大脑的理性区域而不是情感区域工作。尽管他们的情绪可能会受到所遇到的情形的影响，但他们在工作时能够不理会自己的情绪反应。

所以，如果我们在面对孩子的挑战行为时不变得情绪化，我们就需要做别的事情。急救人员受过的培训帮助他们更好地进入一种理性、有条理的思维状态。难怪他们经常在我们最信任的职业调查中名列前茅——我们将自己的生命寄托在他们身上！他们接受训练并练习，而且持续练习，直到运用他们的技能成为第二天性。很多高压力的工作也是这样——飞行员让飞机降落、消防员面对严重的火情、医生实施紧急手术以及警察处理暴力犯罪现场。

所以，和他们一样，当你的孩子突然发脾气时，你需要尽可能地保持冷静，而且做到这一点的最佳方式是你的大脑里有应对不同行为的方法，以便在你需要它们时能轻松想起来。这样一来，你不仅能减轻压力，还能为你的孩子们提供选择最佳行为方式——平和的方式——的正确环境。平和养育指的是父母保持平静，而不一定是孩子。如果你事先知道你要忽略哪些行为，以及什么时候使用我将向你介绍的其他方法，你就能够克制住凭感情做出反应的诱惑，并且做需要做的事情。

无论好坏，原生家庭的养育方式都会影响我们

当我们谈论控制我们对孩子的反应时，有一件很重要的事情是我们不能忽视的：父母养育我们的方式。有时候，无论好坏，我们发现自己之所以对孩子做的一些事情过度反应，是因为我们就是这样被养大的。我说过一句话："过去并非宿命。"我们不需要用我们父母对待我们的相同方式对待我们的孩子。

在为儿童法庭准备儿童福利报告时，我采访的很多父母都受到了他们的父母养育他们的方式——而且未必是一个好方式——

的影响。很多人在无意识地重复自己家庭长久以来的习惯。有时候，孩子们做的事情会让我们想起自己过去可能经历的创伤，或者让我们回忆起儿时的我们在做出不良行为时父母的反应。

但是，无论我们是如何被养育的，重要的是要理解影响我们童年的主题和模式——否则它们就会在我们最需要一颗冷静而清晰的头脑时回来纠缠我们。孩子们经常会做出让人不安的行为。有时候他们会挑衅我们并试图向我们施加压力，而我们会发现自己的忍耐力到了极限。当我们难以让自己冷静下来，或者我们发现我们将孩子做的每一件烦人的小事都看在眼里，我们就该好好审视是什么对我们产生了如此大的影响——当然，除了我们孩子的行为。

无论我们是否喜欢，我们都会把我们的很多童年经历融入自己的养育风格中。下面这个简单的"自我访谈"很值得一做，主要因为它会让你更明白我们小时候发生了什么以及你是如何让它们在你的家里重演的。你的一生中不会有太多机会做这件事，而且我保证通过做这件事你将获得新信息来帮助你在为人父母时更客观地看待问题。我知道这一点，因为我做过一个类似的练习而且我学到了很多。

赛琳娜·布鲁姆已经在威尔斯医生的建议下完成了这些自我访谈中的一个。赛琳娜爱她的妈妈玛丽亚，玛丽亚曾经是赛琳娜和她的兄弟姐妹生活中的秩序女王。在很多方面，赛琳娜在成长过程中对母亲的尊重是坚定不移的。赛琳娜知道自从爸爸过世后妈妈就过得很艰难，但赛琳娜也知道她父母对她的养育方式的一些方面并不好。例如，赛琳娜的爸爸过去经常发脾气。赛琳娜已经意识到，她发现自己会对她的孩子们重复这些行为中的一部分，尤其是在她疲惫的时候。当你读完赛琳娜的回答，你可以在随后一页完成针对你父母对你的养育方式的自我访谈。

原生家庭自我访谈——赛琳娜·布鲁姆

1. 你的父母如何处理孩子们的挑战行为?

   他们会告诉我哪些事情我不能做。我的父亲有时候会打我们。我的母亲往往会告诉我"做对的事情"。

2. 你家里是如何决定限制、自由和可接受 / 不可接受的行为的?

   妈妈和爸爸都非常严厉。我们家的孩子只被期待按照他们的要求做事,直到我们18岁。我认为我们没有多少谈判经历。对于"对的事情"和"错的事情"的看法非常明确,所以我住在家里时很难对我自己和我的决定有信心。

3. 在你成长的过程中,你家里有什么不成文的规定吗?

照吩咐的去做就不会有麻烦。

尽量不要让你的父母不高兴。

4.你对父母履行父母职责的方式有哪些喜欢与不喜欢的地方?

喜欢：他们是可预测的，而且他们很热情。他们以我们的家庭为荣。

不喜欢：他们过去常常会让我们感到有点儿内疚，而且爸爸经常大发雷霆。他们不喜欢我们做其他孩子做的事情。

5.孩子的哪种行为让你想起你小时候发生的事情，并引得你做出反应?

我的孩子们不按照我说的做，我觉得自己立刻就会生气。有时候我发现当孩子们做了错事时我无法克服对孩子们的愤怒情绪。这让我觉得我已经变得跟我爸爸一样。我看到别人化解自己的情绪并迅速翻篇儿的速度比我快多了。

6.反思过你的成长经历后，你认为它可能会如何影响你未来的养育方式?

我将努力……比我的父母与我相处时更灵活并且与我的每个孩子单独相处时有更多的快乐。

我将尽量不……压抑我的情绪那么长时间，而是承认问题，不管问题是什么，并且更快地克服它。我不想在孩子面前总是表现得怒气冲冲的。

原生家庭自我访谈——工作表

1.你的父母如何处理孩子们的挑战行为？

_____

_____

_____

_____

_____

2.你家里是如何决定限制、自由和可接受 / 不可接受的行
   为的？

_____

_____

_____

_____

_____

3.在你成长的过程中，你家里有什么不成文的规定吗？

_____

_____

_____

_____

_____

4.你对父母履行父母职责的方式有哪些喜欢与不喜欢的地方？

喜欢：_____

不喜欢：＿＿＿＿＿＿＿＿＿＿＿＿＿＿＿＿＿＿＿＿＿

5.孩子的哪种行为让你想起来你小时候发生的事情，并引
　得你做出反应？

＿＿＿＿＿＿＿＿＿＿＿＿＿＿＿＿＿＿＿＿＿＿＿＿＿＿

＿＿＿＿＿＿＿＿＿＿＿＿＿＿＿＿＿＿＿＿＿＿＿＿＿＿

＿＿＿＿＿＿＿＿＿＿＿＿＿＿＿＿＿＿＿＿＿＿＿＿＿＿

＿＿＿＿＿＿＿＿＿＿＿＿＿＿＿＿＿＿＿＿＿＿＿＿＿＿

6.反思过你的成长经历后，你认为它可能会如何影响你未
　来的养育方式？

我将努力＿＿＿＿＿＿＿＿＿＿＿＿＿＿＿＿＿＿＿＿＿＿

我将尽量不＿＿＿＿＿＿＿＿＿＿＿＿＿＿＿＿＿＿＿＿

我们不能总是忽略孩子们的行为

　　现在我们对忽略我们孩子们的"烦人但不严重的行为"有
了些理解，而且我们审视了我们自己的家庭教育是如何影响我
们的反应方式的，现在是时候想出如何处理那些我们真的无法
忽略也不应该忽略的"大问题"了。在下一章，我们将看到一
种平和地处理这些行为并且防止这些情形升级的方法。

小 结

· 我们孩子的一些行为属于"烦人但不严重的行为"。这类行为不值得关注。

· 学会忽略这类行为的很重要的一方面是控制我们自己。这并非易事，但在孩子对我们发脾气时保持平静并且不变得过于生气是有方法的。

· 控制我们自己还可以让我们在孩子做出问题行为时清晰地思考，并且为我们的孩子树立一个自我控制的好榜样。

· 当我们孩子的行为让人难以应对时，我们可以在需要的时候暂时保持疏离，而不会影响我们与他们的亲情心理联结。

· 理解在我们童年时影响我们的主题和模式很重要，这样我们就能弄明白为什么我们会以某种特定方式做出回应。

第8章

数 "1，2，3"

一种让孩子停止不良行为的平和方式

当孩子们无法控制他们的欲望和冲动时，重要的是有外界的某个人或者某件事物充当他们下一步该做什么的参考。当我们开车时，我们会将交通信号灯作为什么时候减速、什么时候停车以及什么时候前行的参考。和我们让这些信号灯引导我们在路上的行动一样，我们的孩子也可以用我们向他们发出的信号来暂停并思考，然后调整他们的行动。我们可以帮助他们"切换"，或者将他们的注意力从问题行为转移到其他行为上。

在本章，我们将讨论一种方法，可以向孩子们发出信号，告诉他们何时需要停止特定的行为，并转移他们的注意力。我们将通过一个数数的程序来实现这一点，大致如下所示：

1. "这是1"（举起你的食指并等一会儿。）
2. "这是2"（举起你的食指和中指并等一会儿。）
3. "这是3"（举起三根手指并且将孩子送回她／他的房间。）

这样一来，你可以通过用你的手指和声音发信号示意孩子停下来，来帮助你的孩子限制他们正在做的行为。不管你信不信，

这是帮助孩子们的大脑"踩刹车"的一种简单又有效的方式。

对着孩子数"1，2，3"来示意他们停下来，然后转移他们的注意力，是一种由外而内的养育方式，它会促进一种属于由内而外养育方式的技能：鼓励孩子关注控制或者制止自己行为的能力。你记得我们在第1章中谈过的前额皮质的作用吗？它是大脑的一个重要部分，让我们学会在面临棘手情况时暂时停下来并且控制自己。数"1，2，3"可以通过充当参考并帮助孩子们学会自我限制来促进这一过程。

暂停

尽管这样做看上去与"积极养育"运动背道而驰，但是，限制你的孩子们并不意味着你不能以积极的方式对待他们。我们会在孩子做了我们希望他们做的事情时让他们知道我们的欣赏之情，那么，当我们希望他们停止做某件事时，为什么不让他们知道呢？

　　我的看法是：我认为每一个父母既要有能力限制也要有能力鼓励他们孩子的行为。总是对一个开始伤害自己的弟弟或者妹妹的10岁孩子说"请友好一点"并且期待这能奏效，是不现实的。我认为，这是当代养育文化普遍存在的问题之一——我们觉得如果我们不能一直积极地对待孩子，我们就不称职。但是，给孩子提供学习应对限制的框架和方法，是有实实在在好处的。

数"1，2，3"的好处

　　数"1，2，3"这个概念很明确：它是为了让孩子们停止不良行为而发出的一种口头和视觉提示。但是，这样做的第二个也是更重要的好处是：它教孩子们克制做出不适当行为的冲动，并最终学会自我调节。在实际操作中，这意味着在你数完"这是1"之后，你应该等一会儿。所以，数"这是1"，然后保持安静……什么也不做……看看他们是否切换。然后，如果你需要的话，再次数数，或者运用一个后果。

　　父母们告诉我，当他们的孩子们习惯了数"1，2，3"后，父母可能只需要轻轻地举起一根手指或者挑一挑眉毛就能发出一个信号。一些父母告诉我，一段时间以后，他们几乎不需要使用信号，因为他们的孩子已经知道什么是不可接受的，并且他们能自我调节。但孩子毕竟还是孩子。他们偶尔会出些小纰漏，就跟成年人一样。

　　记得心理学家丹尼尔·西格尔对此说过这样的话：孩子通过与他们的冲动作斗争来培养灵活性。所以，这是一件练习就能实现的事情。我的同事布拉德·威廉姆斯（Brad Williams）说："数'1，2，3'会提醒孩子们'使用'他们的'理智区域'。"如果我们能帮助他们在行为升级成冲突之前"切换"（见第1章）或者思考，他们就更有机会控制自己。

数"1，2，3"帮助孩子待在"冷静区"

当我们数"1，2，3"时，我们是在要求我们的孩子们停止升级他们的行为。我们让他们掌握主动权，让他们练习选择将要做什么。通过反复练习停止行为升级，孩子们可以学会在大脑中"踩刹车"，这反过来又培养了他们的思维灵活性。他们学会了限制，但同时也学会了如何培养自我调节能力。这就是两次数数之间停顿一会儿如此重要的原因——它鼓励孩子停下来、思考，并期望他们在做出反应之前"切换"。

记住，自我调节可以被教授和学习

你记得第1章中我们的那位在"旧脑"和"新脑"之间切换的橄榄球运动员吧。通过对着孩子数"1，2，3"，我相信我们在增强这种能力。我们在说："你需要调整你的行为。"正是这种思考的暗示，反复多次练习，可以使得一些能帮助他们使用思维刹车的神经通路得以建立。数"1，2，3"帮助孩子们重新使用大脑中理性思考的区域，该区域能够让他们控制并停止他们的行为。如果他们在童年时把这项技能练习上千次，他们大脑中的"刹车"将更有效。而且你猜怎么样？随着孩子一天天长大，你就不必那么经常地采用"由外而内"的养育方式了。

然而，当我们对着我们的孩子大喊大叫以获得他们的顺从时，他们通常无法学会如何转移他们的注意力、使用他们的"刹车"以及自我管理。坦白地说，如果我们只是大喊大叫，他们会情绪过载（见第3章），然后也无法自我调节。如果他们无法思考，他们就无法自我调节。就是这么简单。

当然，我并不是唯一考虑用数"1，2，3"向孩子发信号来让他们停止问题行为的人。在这方面，我的导师之一汤姆·费兰（Tom Phelan）博士展示了父母如何通过数数以及通过暗示孩子停止某个行为，来提醒他们行为要得体的。养育领域的其他作者和研究人员也谈到过类似的方法，比如，尼格尔·拉塔（Nigel Latta）、卡尔·皮克哈特（Carl Pickhardt）、珍妮特·海宁格（Janet Heininger）、莎伦·韦斯（Sharon Weiss）以及乔·弗罗斯特（Jo Frost）[①]。尽管其中一些作者将这一技巧强调为中止某种行为的一个警告，但是，几乎没有人将它说成是教给孩子们如何"切换"并最终学会自我调节的一个机会。而这就是平和养育的精髓所在。

有些人对数"1，2，3"有担忧

我听到一些父母对数"1，2，3"表示担忧。他们担心它可能过于负面，或者担忧数"1，2，3"只是向孩子发出警告的一种方法，并不能教给他们任何东西。他们还担忧，它可能会压抑孩子的情绪。听到这些担忧后，我有三点回应：

1.记住，没有人一生都不会受到任何限制。

2.只有练习使用大脑中负责限制行为的部分，我们控制情

---

① 又被称作"超级保姆"。——作者注

绪的能力才会提升，如果这是真的，那么如果我们的孩子不练习什么时候以及如何停止一种行为，他们如何才能学会控制他们的行为呢？

3.我们可以在帮助孩子们拥有情感丰富的生活的同时限制他们的不良行为。我们将在关于情绪辅导的章节更全面地阐述这些内容。

我们应该对哪些行为数"1，2，3"

请努力记住，数"1，2，3"的主要目的是帮助孩子更好地进行自我调节，而且你真正希望你的孩子们停止的是那些"大问题"。当你数"1，2，3"来让大问题停下来时，你所做的就是帮助孩子们在失控前意识到自己的行为不合适并且将他们的注意力转移到一个不同的回应上。

我们应该如何数"1，2，3"

数"1，2，3"的过程需要动作坚定但不能以一种威胁的方式。这真的很重要。一个信号不是一种威胁——它是帮助你的孩子意识到自己的行为不合适并且更好地学习你正在教给他的一项技能的方法。关于数"1，2，3"的动作：如果你的目的是引起一个"切换"反应，你就需要确保你在两次数数之间不要说任何话——什么都不要说。这是他们的思考空间，是他们做选择的机会。

数"1，2，3"可以通过以下方式起作用：

·一种提醒。（"我想提醒你需要停止推倒你弟弟搭好的积木。"）

· 一个清晰的信号。（"我说真的，你需要停止对我大喊大叫。"）

· 一个"停止"的坚定指令。（"你正在做的事情——推倒你弟弟的积木——是不可接受的。"）

· 一种打断冲突的方式。（"我们都需要一些彼此独立的空间，所以，你可以离开并冷静一下。"）

· 一种关于你们家的规矩以及你们共同的生活方式的一种提醒。

让我们看看数"1，2，3"的应用

1.赛琳娜和马迪像往常一样争吵。

2.赛琳娜尝试数"1，2，3"，而它奏效了。

数 "1，2，3" 的具体做法

要想在你的家里开始一个新信号系统，你需要做一些准备，然后，清晰、冷静并且前后一致地执行。

做好向孩子解释信号系统的准备

为了让你的孩子们明白这个新的信号系统是如何运作的，你需要让他们为将要发生的事情做好准备。这就像路上的那些交通信号灯会在你进入一个监控区或者一个不同的限速路段之前提前告诉你将要发生什么一样："前方限速60公里/小时，请减速""违者重罚"等。这些信号不但让驾驶员知道该做什么（减速），还会表明如果他们不这样做会发生什么。对你的孩子来说也一样：你需要告诉他们，你希望他们在你数"1，2，

3"时停下来，以及如果他们决定不这么做将发生什么。

你的解释不必复杂，但一定要清晰明了。这可能不是你经常与孩子进行的那种对话，但是，通过提前排练，你可以让对话的结果大不相同。

所以，第一步是写下（或者画出）你希望你的孩子们停止什么行为。如果你已经完成了之前的整理"大问题"的任务，这里就会相对容易。在下一页的表格上写下你希望你的孩子停止的行为。这些就是你将来数"1，2，3"的对象。它是贴在你的冰箱上的一个好材料，这样每个人都会清楚将要发生什么。这将帮助你描述接下来要说的内容。

接下来，我建议你把要说的话写下来。尽管这不是必不可少的，但是，我们都知道，如果我们试着先把要说的话写下来，我们就能更清楚我们要说什么。通过这样做，如果你的孩子打断你，你就更容易记住要说什么。（处理这种情况的方法有很多种，但写下来是一个好的开始而且将帮助你专注于要传达的信息，如果你的孩子试图岔开话题的话。）保持你的信息简单：

你爸爸和我有时候会看到你有说话粗鲁或伤害他人的不良行为。以后，当你做出这些行为时，我们会竖起一根手指并说："这是1。"当我们这样做时，你需要停下你正在做的任何事情。如果你继续，我们会竖起两根手指说："这是2。"这是你第二次停下来的机会。如果你还是继续，我们会说："这是3"，而你必须远离所有家庭成员，去你自己的房间里待一会儿。如果你的行为非常糟糕，我们会直接说："这是3。"你必须去你自己的房间。

大问题

———（姓名），你做出以下行为会被数"1，2，3"。

1 _____

2 _____

3 _____

当你做这些事情，我们会说：

"这是1。"

这是一次选择，而且你应该停下来。

如果我们数到"这是3"，你就不得不去 _____（地点）

并且在那里待_____分钟。

对于不满5岁的孩子，你的描述需要更简单：

如果妈妈或者爸爸看到你淘气，我们就会对着你数 "1，2，3"："这是1，2，3。"当我们对着你数数，你必须停止正在做的任何事情。如果我们数到3，你就需要去你的椅子上坐着，一直坐到我们允许你起来玩为止。

对于不满5岁的孩子，不必担心让他们告诉你他们理解了什么——只要开始数 "1，2，3"，他们就会明白。

然后，考虑一下你将如何进行这次对话。最好选一个你的孩子精力充沛的时候进行。这时，你最有可能获得孩子的合作；在孩子疲惫或者生病的时候引入一个新系统不是一个好主意。

把信息说清楚，并且确认孩子理解了

开启对话的一种方法是将其分为三个步骤（RTA）：

· R（Reward）：奖励他们倾听
· T（Tell）：告诉他们将要发生什么
· A（Ask）：询问他们对此有什么理解

所以，第一步，奖励他们倾听：

爸爸和我想在晚饭前跟你谈谈。我们需要你在我们向你解释事情的5分钟内不要说话。当我们谈话时你能不说话，我们就会奖励你，带你去公园玩你的新回旋镖。你认为在我们谈话时你能保持安静吗？

第二步，告诉他们将要发生什么——解释这个系统将如何运作：

我们想尝试一种处理那些我们真的不希望你做的事情的新方法。我们在处理你顶嘴和伤害别人方面一直存在问题。所以，我们打算试试不同的方法。

我们列了一个我们希望你停止做的事情的清单。看到这些事情了吗？（指向你贴在冰箱上的那个清单）当我们看到你做这些事情，我们就会说："这是1。"这是给你一个停止的机会。如果你停止，我们就不会再说什么。但是，如果你继续做那些事情，我们会说："这是2。"这是你第二次停止的机会。如果你继续，我们会说："这是3。"而且你将不得不去你的房间待___分钟（孩子几岁，就待几分钟）。但有时候如果你做的事情真的很糟糕，我们可能会说："这是3。"你要直接去你的房间。

当你从房间里出来，我们不会再谈论你的行为。

第三步，让你的孩子说说你刚才说了什么：

好的，让我们确认一下我们都清楚接下来将发生什么。你能告诉我刚才我说了什么吗？

（他们应该会说类似这样的话："你们将对着我数'1，2，3'。当你数'这是1'，我就不得不停止正在做的事情。"）

解释新系统

请用你自己的话描述你将在这里说的内容。你可能想扩展一下你在上一个工作表里写的内容。

1.奖励他们倾听。

_____

_____

_____

_____

_____

2.告诉他们将要发生什么。

_____

_____

_____

_____

_____

3.询问他们对此有什么理解。

_____

_____

_____

_____

_____

数"1, 2, 3"要前后一致而且清晰

马克·吐温曾经说过："对于一个手里握着一把锤子的人来说，每一个东西看上去都像一根钉子。"即使在我们数"1, 2, 3"取得了一些胜利时，我们也没必要一直用它。然而，我们确实需要前后一致地使用它。下面是帮助你最有效地使用它的一些技巧：

· 将数"1, 2, 3"留给"大问题"。如果你将它用在任何你希望孩子停止做的小事情上，当你真正需要它时，它就不起作用了。记住，有很多"烦人但不严重的行为"，而且你需要忽略这些行为。

· 尽量在数"1, 2, 3"的时间和方式上保持前后一致；先在家里使用这个方法，等到管用之后再在公共场合使用。很多孩子在一两周内就能理解，但也可能需要五六周。

· 如果你正在跟别人交谈，看到你的孩子调皮捣蛋，你可以请求对方原谅你停止谈话，竖起你的手指并数数："这是1。"

· 当你数"1, 2, 3"时，你应该显得冷静而且坚定，但要克制着不要与你的孩子交谈。数"1, 2, 3"期间不要与他们说话。记住，你是他们"大脑健身房"里的教练！你的工作是帮助他们练习"刹车"。你的角色是向他们发信号，而不是威胁或者强迫他们。通过向他们发信号，你给他们提供了一个选择：继续不受欢迎的行为还是转移他们的注意力。

· 你还需要避免恳求。数"1, 2, 3"本身应该就够了。你说："这是1"，并且等一会儿，以便看看他们是否会

"切换"。如果他们切换了，你就成功了。如果他们没有
"切换"也没有停止，你将需要数数："这是2。"

· 你在数 "1，2，3" 时很容易陷入与孩子争辩的陷阱。
要尽量意识到这一点。将你自己想象成一组交通信号
灯——它们给驾驶员一个信号来停车、准备停车以及行
驶，但它们是默默进行的。它们不会详细说明自己发出
了什么信号。

暂停① 在数 "1，2，3" 过程中的作用

数 "1，2，3" 让孩子们停止他们正在做的事情并鼓励他们
"切换"，并不依赖暂停。当你使用这个系统时，你主要关注
的是帮助你的孩子切换。真正的工作不在于强调暂停，而在于
你的孩子在看到你的信号后懂得如何"刹车"，即使他们会不
满地哼一声、跺脚和抱怨。然而，我们确实需要谈谈暂停，因
为它是一个更大图景的一部分。

谈到暂停，近年来人们对它的看法褒贬不一。有些人认为
暂停在某种程度上对孩子来说太可怕了。有些人认为对于那些
经历过依恋破裂的孩子来说，暂停只会通过切断孩子与他们的
看护人之间的连接而加剧现有的创伤。还有人相信暂停应该被
禁止。下面是我的看法。

首先，我没听过有任何研究表明，暂停在合理使用的情况
下会对孩子造成伤害。但是，和任何一种养育方法一样，它可

---

① 暂停（Time-out），原意为体育比赛中的暂停，或工作中的暂停，引申为
管教孩子的一种办法，即让孩子到一个地方冷静一下。——译者注

能会被错误地使用——父母们将孩子们置于狭小的空间里，或者让他们一个人待很长时间。任何一个有常识的人都不会赞同这是使用暂停的正确方法。我们还应该注意那些存在依恋困难和依恋破裂经历的孩子，或者那些被虐待过的孩子，并且不要让他们单独去一个地方。但是，当事情并非如此时，我相信暂停是能够被安全而且有效地使用的。

你可以从多个角度看待暂停

不需要把暂停看作是一种惩罚——这只是看待它的一个角度。你可以从其他角度看待它。

1.将暂停看作把一个人与另一个人分开的一次机会。

就像裁判会要求拳击手"Break"①一样，暂停可以成为让孩子们远离伤害的一种方法。通过停止对话并且让孩子去暂停，你可以降低一个情形里的紧张气氛。尤其是当孩子们打架时，情况更是如此。有时候，让孩子们分开并让他们去家里的不同地方非常重要。如果这意味着你要去你自己的房间（反向暂停），它依然实现了相同的目的。每个人都能得到一些空间。

2.将暂停看作一个断路器。

让你的孩子去暂停是打断一个情形并阻止它升级的一种方式。在这种情况下，让一个孩子去暂停可以被视作在你或者

---

①Break，拳击裁判口令，听到该口令后，两个拳击手要分开，并各自后撤一步。——译者注

他们失控之前控制紧张局势的一种方法。将暂停当作一个断路器，可以让你不需要对孩子发号施令并且最终对着他们大喊大叫或者失去控制。

3.将暂停当作一个后果。

后果是一个中性词。它既不意味着惩罚也不意味着表扬。所以，看待暂停的一种方法是将它看作是自然而然发生的事情。它是一个终点。

4.将暂停看作"跟着我（time-in）"。

"跟着我"指的是你的孩子在你的身边待一会儿或者坐一会儿，而你站在那里什么话也不说。或者，你可以让你的孩子和你做任何你正在做的事情，比如晾衣服。

记住，暂停只是一个工具。如果你的孩子显示出在失控之前通过意识到自己的行为不合适来将自己从情绪失控的边缘拉回来的能力，你就不需要使用暂停。当他们切换时，他们就是在用自己的头脑有意识地控制自己的行为。这是一个双赢局面。

关于暂停的一些常见问题

1.暂停应该持续多长时间？

用孩子的年龄当作参考，一岁一分钟。如果孩子5岁，就暂停5分钟。如果他们9岁，就暂停9分钟。

2.我可以把我的孩子送去哪里暂停？

可以是家里某个地方的一把椅子、卧室、门厅或者其他房间。具体取决于你。对于年幼的孩子，选在你能看见他们的某个地方会更好。只要确保这是一个安全的地方。

3.如果我的孩子不去做暂停怎么办？

　　给你的孩子提供一个不去做暂停的替代选择，比如失去一项特权。要确保这个替代选择是某件立竿见影并且你能执行的事情。说这样的话没有帮助："去你的房间里做暂停，否则今年剩下的时间你就不能看电视了。"例如，你可以说"现在你去你的房间里待7分钟，否则你今天下午就不能看卡通片了。你选吧。"然后，你必须做好走开并且在之后坚持到底的准备。在该情形升级前，要在脑海中列出一份替代选择清单：一天不能玩游戏、下午不能用手机，不给零用钱（适合大一点的孩子）。

4.如果我的孩子不去我让他去的地方呢？

　　一开始，不要讨论，直接把他送回那个安全的地方。使用计时器，这样当时间到了他们就能听见。如果他们总是出来而且不满5岁，可以让他们安静地坐在你的身边，而且不要给他们任何关注。如果他们再大一些，告诉他们，他们将会失去一项特权。

5.我的孩子做暂停的时候应该做什么？

　　我认为他们做什么或者不做什么并没有那么重要，只要他们待在那里并且没有危险。不要把暂停当作一种惩罚，而要当作一个断路器和一个冷静下来的机会。

6.如果我的孩子在做暂停时把房间弄得乱七八糟，我该怎么办？

　　如果你的孩子很容易做出这种行为，要使用一个更安全的房间或者地方。如果你的孩子确实弄得乱七八糟，不要立刻清理。要让他们处理这个后果。过一会儿，你们一起清理。立刻清理只会给他们的行为奖励你的关注（至少在他们眼里是这样的）。

7.暂停结束后，我该怎么做？

告诉你的孩子时间到了，或者让一个计时器替你做这件事。如果他们没有立刻出来，告诉他们可以等他们准备好后出来。不要再讨论孩子做出的不良行为。对于你们来说，这是个新的开始。

暂停结束后，你不必让你的孩子道歉

这个话题足够重要，以至于我想单独探讨一下。一些养育类书籍的作者和评论家都认为，孩子们在结束暂停后应该被要求道歉并且向他们冒犯的人说对不起。我认为，那些赞成孩子自动道歉的人之所以这么做，是因为他们希望让孩子更深刻地意识到他的行为的影响，并且以某种方式确保将来不会重蹈覆辙。

我不赞同。我相信在一个错误的时机道歉很可能会让一个孩子感到羞愧，而且未必能改变他将来的行为。要求孩子道歉本身不是问题，时机才是问题。

下面是我的理由。想象这个场景：

马迪·布鲁姆正在愉快地玩他的乐高积木。他的妹妹走进房间并且故意把积木推倒。他把妹妹推开。她摔倒并且开始哭。妈妈迅速跑进来，看到杰西卡在哭，说："怎么了？"杰西卡用手指着马迪，而他被送去做暂停。在自己的房间待了几分钟后，你认为马迪会感到对不起妹妹吗？

　　当我们感到生气或者不开心时，我们会经历一种向我们的体内释放肾上腺素的生理反应。我们的心率加快，神经系统呈兴奋状态，有时候能持续好几个小时。需要花些时间才能从这种紧张中恢复。如果马迪处于这种状态（生气）时被要求道歉，我们传递给他的信息是他的感受不重要。我们在说他感到生气是不对的。如果我们在他怒火未消的状态下强迫他道歉，他更有可能感到困惑而不是懊悔。

　　例行公事般地要求孩子道歉的问题在于，我们会教给他们压抑自己的情绪。如果我们期望他们在仍然生气的时候说对不起，就好像在告诉他们要否认自己的一部分。这样并不好。这样做无法教给孩子懊悔，只能让他们感到羞耻。孩子们（以及大人们）需要时间整理和整合他们的感受，然后才能认可真心道歉的需要。当我们被人冤枉或者我们自己表现得特别糟糕时，我们不是也需要花好几天时间才能摆脱这些矛盾情绪吗？为什么我们期待孩子会不一样呢？

　　如果道歉的要求是必要的——有时候确实有必要——理想情况下，它应该发生在你的孩子们平静下来而且能够倾听的时候。这可能是几个小时甚至一天以后的事情了。

在马迪平静下来一段时间后，赛琳娜和查理可以对他说："你还记得你推妹妹的事吗？我们认为这样做是不对的。我们家里不允许这种行为。这真的会让她受伤。我们知道你生气是因为她推倒了你的乐高积木，但是推她是不对的。我们希望你向她道歉。"这样一来，问题就解决了，但是，这通教育并不是发生在激烈冲突的时候。这样，孩子们有机会努力克服自己的情绪，而他们的情绪也不会被打上"错误"或者"不好"的标签。和成年人一样，孩子们需要时间处理互相矛盾的情绪。要等一会儿，等他们在生理上恢复过来，再要求他们为不良行为道歉，如果有需要的话。

小 结

· 发信号是一个工具，可以帮助你的孩子停止一种特定的行为，同时鼓励他们停下来、切换，然后控制住自己。
· 发信号的一种方法是数"1，2，3"："这是1，这是2，这是3（然后去做暂停或者其他替代选择）。"这给了孩子们选择的机会：是继续他们的行为，还是自我调节并将他们的注意力转移到别的事情上。
· 通过鼓励孩子们切换（在他们冲动的"旧脑"与进化了的"新脑"之间切换），我们在让他们练习"刹车"。这项技能将随着练习而提高，并且能保持某些神经元连接。
· 数"1，2，3"只应该用在"大问题"上。
· 要想在你的家里实施一个新信号系统，你需要向你的孩子们解释，确认他们理解了，然后再前后一致地执行下去。

· 使用信号帮助孩子们切换并不依赖暂停，但你需要一个结束点。暂停可以用来标记这个结束点。

· 暂停不应该被用作惩罚，但可以被更中立地用来阻止一个情形升级。

· 例行公事般地要求孩子在暂停结束后道歉会让孩子感到羞耻而不是懊悔。如果需要道歉，应该发生在他们能听进你的话并且能冷静道歉的时候。

第9章

情绪辅导可以教孩子自我调节

另一个帮助孩子们学会调节他们的行为的重要工具，是情绪辅导。这就是一个人倾听并理解另一个人的感受或者经历的那些时刻。它可以帮助缓解消极情绪或者提升积极情绪。

让我们默认每个人都会时不时地抱怨。每个人都需要被允许发牢骚，而且每个人都需要一个宣泄情绪的地方。孩子也是如此。有时候，他们只是想表达他们对老师、兄弟姐妹、你的配偶或者足球比赛中裁判的行为的看法。难道我们不是都喜欢有人站在我们这一边吗？或者难道我们不是都喜欢有人愿意倾听我们说话吗？

这些时刻，我们或许应该只是倾听。当然，不可能时时刻刻都做到这一点。时时刻刻处在"共情频道"会让人过于疲惫，但是，当我们真正地倾听我们的孩子，我们会有意想不到的收获。

情绪辅导在帮助孩子们变成熟方面具有三个重要功能：

1. 它可以成为一个强有力的行为管理工具，来帮助你处理你的孩子们可能产生的强烈情绪。

2. 那些懂得如何进行情绪辅导的父母可以教给他们的孩子一门在其他情况下学不到的语言。最终，孩子们能学会如何使用一种"情绪语言"来描述他们的情绪。

3. 它能增进你和你的孩子之间的亲情心理联结，并且帮助他们更加亲近和信任你。

孩子对强烈情绪的体验与成年人不同

孩子们对事情的看法与成年人不同。这与两个成年人对事情的看法不同不一样。我们对同一件事当然会有各种各样的理解方式，这就是有些人会出现路怒症而有些人不会出现的原因。但是，一个孩子看待世界的方式和成年人看待世界的方式之间的不同，与两个苹果之间的不同完全不是一回事。孩子们看待事情的方式不同是因为他们的前额叶神经元更少。在一些情况下，他们会害怕而我们不会。在一些情况下，他们看不到风险而我们能。有些时候，我们将不得不运用我们发育更成熟的大脑为他们做决定。正是在这些时刻，尤其是处理强烈情绪的时候，可以使用情绪辅导。

如果你能在情绪方面辅导你的孩子，你就可以提高他们理解情形的能力。我们能用我们的完全发育成熟的"新脑"来帮助他们拓展其还未完全发育成熟的"新脑"，以便处理他们正在经历的情形。孩子年龄越小，他们就越依赖我们帮助他们整合他们的强烈情绪。小孩子是从我们身上学习如何平复强烈情绪的。随着我们成长为成年人，我们忍受各种情绪的能力会更强。但是，目前我们可以帮助他们发展这种能力。

成年人能够自己平静下来

让我们以查理·布鲁姆为例，看看一个成年人的大脑是如何处理强烈情绪的。我们已经在第1章中看过一个例子，我们的橄榄球运动员控制自己愤怒的例子，不过，在此我们将关注恐惧情绪。这个故事里事件的发生顺序非常重要，而且包含了一些情绪辅导是如何帮助安抚你的孩子对威胁或者麻烦事件的反应的线索。

查理和赛琳娜·布鲁姆夫妇难得外出度周末并且住在一间乡村旅馆里。凌晨2点左右，就在他们熟睡之际，一辆半挂车驶过。与此同时，当地的一只小狗横穿马路。半挂车驾驶员紧急转弯、鸣笛，才堪堪没撞上那只狗。小狗窜入黑暗之中，半挂车一路鸣笛继续前行。

查理突然惊醒，感到极度不安。他的症状包括心跳加速、恐慌、肾上腺素上升。有一瞬间，他相信自己可能有生命危险。在紧急状态下，他大脑中的无意识部分会被激活开始工作。这是一种生存机制。一万年前生活在丛林或者大草原上的人们没有时间询问是否真的发生了紧急情况，他们的身体只是做出反应。哪怕到了今天，当我们害怕或者受到惊吓时，这种反应依然会发生。我们的"旧脑"首先被激活，然后等待被我们的"新脑"平复下来。当我们的新脑产生意识，它会"理解"发生了什么，并且开始让我们平静下来。这就是它在成年人身上的运作方式。

所以，让我们回到旅馆房间里的查理身上。赛琳娜稍微动了一下，但没有醒来。过了一会儿，查理的理智开始慢慢恢复。他开始变得更清醒，并且思考"那是什么声音？……我以为这个地方会很安静！……该死的卡车……我没事。没事了。

我要平静下来……"换句话说，他的新脑——他的大脑中能理解发生了什么的部分——开始控制最初的恐惧情绪。成年人就是这样安抚自己的。我们可以和自己交谈并向自己保证我们会没事。我们可以自我安慰。

孩子们更难整理自己的情绪

查理的例子中，最重要的事情是注意到我们的大脑是多么容易被我们对事件的第一反应劫持。当我们感到害怕、想要报复或者感到不满时，我们几乎总是会产生第一反应，如果我们对它有一个正确的判断，这种反应就能减弱或者变得更合理。

孩子们之所以更难处理对所发生事情的感受，只是因为他们新脑的控制能力还在发育中。我们的大脑中负责生存的部分总是先被激活，而能理解威胁的部分总是后被激活。就是这么简单。

当孩子们看到一种威胁——无论是真实的还是想象的——他们的"旧脑"可能会做出反应。他们可能会在学校度过糟糕的一天后感到暴躁；他们可能因为没有得到校园演出的一个角色而感到沮丧；或者他们可能因为弟弟或妹妹读了自己的日记而感觉遭到背叛。孩子们会对各种事情感到不满。这些情形未必是不良行为（它们不是"大问题"），但依然饱含强烈的情绪。对于父母来说，看着情绪爆发很难不想阻止或者制止。我们可能会忍不住问问题或者给建议，或者直接要求他们克服自己的情绪。孩子真正需要的是有人倾听。

孩子们是如何学习自我安慰的

随着孩子们一天天长大，他们会慢慢地找到忍受或者控制自己情绪的方法。但是，我们所有人都是通过从照顾我们的人身上得到可靠的反馈，来学习识别内心发生了什么的技巧的。他们给我们提供信息，来帮助我们描述发生了什么事情。我们依恋的人组成了一个安全网络的一部分——不只是身体上的，而且是情感上的。他们帮助我们明白这个世界可以是一个安全的地方，但在一些情况下，也可以是一个可怕的地方。

我们可以帮助我们的孩子们学会自我安慰技能。我们可以帮助他们了解他们可能正在感受的情绪。通过这样做，我们就可以帮助孩子们发展出一门语言，让他们能自己做到自我安慰，而且这能很好地帮助他们整合自己正在经历的事情。要做到这一点，我们可以使用语言和身体姿势来和孩子们谈论他们可能正在感受的情绪。通过我们的声调和我们的身体姿势——面对着他们，全身心地倾听——我们可以让他们看到，我们在"陪伴"他们。通过以这种方式帮助孩子，我们就能够给他们提供他们在别处可能得不到的安慰。

还记得斯科特·派克在第1章中说过的话吗？并不是每一个情形都需要我们做出9分的反应，也不是每一个情形都是紧急情况。所以，有能力帮助我们的孩子们练习平衡他们的情绪是很重要的，而且这是他们在与我们建立关系的过程中首先学习的一项技能。随着时间的推移，孩子们将使用这些情绪词汇来描述他们的经历。在此过程中，他们要依靠周围的人来提供理解他们感受的方法。当我们知道有人倾听时，我们感受到的共鸣会产生非常大的影响。心理学家丹尼尔·西格尔说，这种"感觉被别人感受到"的感觉会让我们知道自己是谁，尤其在我们感觉受到威胁或者骚扰的时候。它正是情绪辅导的核心所在。这给孩子们提供了一种整合强烈感受的方法。这种方法很好，因为它帮助孩子们理解强烈的情绪，并且学会不害怕他们可能产生的强烈情绪。

查理·布鲁姆对情绪辅导的应用

那么，情绪辅导在现实世界里是什么样子的呢？查理·布鲁姆不太确定。威尔斯医生曾经与他以及赛琳娜谈论过这个话题，并且提到如果孩子们对某件事感到害怕或者生气——尤其是在并非一个"大问题"的情况下，应该关注他们的痛苦情绪。他当时听得心不在焉，但暗自认为"这肯定不管用"。

最近，5岁的杰西卡频繁做噩梦，而且她每次都会尖叫着醒来。如果你见过一个孩子做噩梦，你就知道这件事对他们来说有多么可怕了。孩子们在夜里意外醒来的情况通常有两种类型：一种是夜惊，发生在上半夜，孩子们通常不会从梦中醒来，而且早上通常不记得梦见了什么。另一种是噩梦，孩子醒来后依然处于恐惧之中。查理将面对一个情形，在这个情形中，他可以通过尝试一些情绪辅导技巧来产生实质影响。

这是一个寒冷的冬夜，查理在家里照顾孩子们，而赛琳娜去她姐姐家过夜了。现在是凌晨3点左右，所有孩子都在睡觉，突然，杰西卡尖叫着醒来。她做了个噩梦。她从可怕的经历中醒来，但依然心有余悸。

查理回忆当时的情形

杰西卡的尖叫声快把房子掀翻了，她不停地哭啊哭。我的意思是，我看到她这样，就告诉她回去睡觉。她却变得更加歇斯底里了。

我摇摇头——不知道该怎么办。于是我对她说："为什么我们不读《绿野仙踪》呢，杰西卡？"她总是要求我们给她读这本书。

但她不听。"你会没事的，"我说，"天哪，杰西卡，那只是一个梦。"

"不是，爸爸，那不是梦……它还没走。"她抽噎着说。

"谁还没走，小杰西？"

"那只可怕的怪物，它还没走。它还在我的房间里。"她哭得更厉害了。

"听着，杰西卡，房间里没有怪物。我会向你证明它不在那里。让我们去你的房间里看看。我会向你证明它不在那里。"

我只是希望杰西卡停止哭泣。她快疯了，而且快把两个男孩吵醒了。

我意识到我无法通过向她证明回到房间很安全来让她感觉好起来。而且她不知道或者也不在乎自己会把男孩子们吵醒。她的状态非常糟糕！我无法让她明白事理。我说什么都无济于事。

但就在那时，威尔斯医生说过的话浮现在我的头脑中。那个"情绪辅导"的东西，就是与孩子们谈论感受的。我明白了。我无论说什么都无法让她相信怪物离开了。我明白她很害怕，而这就是需要我的地方——陪伴她。感受她的感受。所以，我做了新的尝试。

下面是接下来发生的事情

查理：你害怕那只怪物可能还在那里。

杰西卡：怪物很生气，它冲着我吼叫。

查理：我能看出来你很害怕。它真的很可怕。

杰西卡：它在房顶上！它还没走，爸爸……

查理：所以，它告诉你它不会走。

杰西卡：它生我的气了。我不给它贝塔（她的玩偶）。它
　　　　拿不到贝塔。

查理：你担心它会拿走贝塔。我能理解你为什么不想把贝
　　　　塔给它。它那么疯狂。你怎么能把贝塔给它呢？没
　　　　门儿。

杰西卡：不能让它拿走贝塔，爸爸。

查理：我明白，亲爱的。你希望保护贝塔，不让怪物把贝
　　　　塔带走。它不可能拿到贝塔的，没门儿！

查理能看出来，随着他们谈论杰西卡的恐惧，她变得更平静。当然没有怪物，但在杰西卡的脑海里有。查理并没有对她撒谎，他只是反射了她的想法——怪物在那里。他倾听了她的感受。她平静了下来。他很快就让她得到了足够的安慰，带她回卧室重新睡觉。

事后，查理心里想，他很好地帮助杰西卡平静了下来。他独自处理了自己的一个孩子面临的一个困难情形，而且通过关注孩子的感受来解决了这个问题。想起威尔斯医生跟他谈论情绪辅导时自己心不在焉的样子，他感到有点内疚，并且意识到还有很多关于孩子行为的东西需要学习。他处理了一个原本可能会吵醒两个男孩的困难情形。而且他知道自己说的一些话与杰西卡的感受产生了共鸣。在未来，杰西卡将能更好地识别自己的感受，因为她的父亲曾经帮助她认识过。

在被赛琳娜禁止给杰西卡甜食后，查理还意识到他与杰西卡之间已经建立了某种重要的亲情心理联结，而且这种亲情心理联结要比额外的甜食更管用。现在他更有信心，因为他帮助杰西卡平静下来，重新上床睡觉。他知道自己陪伴着她。

查理是如何做到的

在情绪辅导时，重要的是不提问。尽管我认为希望通过问几个问题来核实自己对该问题的猜测是很正常的，但这样做会让信息停止流动。如果我对某件事有一大堆情绪，而你问我是不是感到生气，我就不得不进入自己的内心深处检查我正在经历什么感受。但是，如果你提出一个看法，比如："我可以看出来你似乎对这件事非常生气。"我可以立刻回答："是的，我是很生气，我快被他的所作所为气疯了。"我可以直接回答你而不必核实自己是否有这种感受。

　　提问存在的另一个问题是孩子们可能没有词汇来回答你。当你问孩子们有什么感受时，毫不奇怪，他们通常会回答"我不知道""很好"或者"不好"，具体取决于发生了什么。更好的做法是猜测他们可能有什么感受。想问你的孩子有什么感受与试着说出孩子的感受之间的鸿沟可能没那么容易跨越。当我第一次了解这一技能并且试着运用——反射某个人可能存在的感受——我觉得自己听起来过于自负，对自己看到的事情过于自信。听起来好像我很不真诚。虽然我花了一些时间，但是渐渐地，反射别人的感受变得容易起来。

　　反射式倾听的中心思想是从我们成年人的视角捕捉我们的孩子们可能在经历什么。倾听他们有什么感受，并不意味我们赞同他们，只是承认他们的体验而已。有时候，这就足以让他们自己解决问题了。

帮助孩子平静下来并不难

　　让我们更细致地看看查理都做了什么。我希望你注意的第一件事是，查理并没有费太大劲就在杰西卡那里取得了一些好结果：

- 改变他的方向并且不再试图跟她讲道理。
- 试着陪伴"当下"的她。
- 用四五个关键语句缓解杰西卡的痛苦。

　　我希望你记住最后这一点，因为它很重要。查理只用了四五句关键语句就改变了杰西卡的体验。只需要几句恰到好处的话就让她平静了下来。四五句话就够了！而且这并不罕见。当你使用这一技巧时，你或许不需要说出四五句恰如其分的话就能得到想要的结果。

在了解情绪辅导前，查理不具备在当下"陪伴"他的孩子的能力。他会在孩子们备受强烈情绪爆发困扰时忍不住告诉他们"克服它"或者与他们一起解决问题。现在，他知道他能够克服这个习惯，并且在适当的时候帮助孩子们处理强烈的情绪。

你是否想过，当你的孩子们因为愤怒或者沮丧而失去理智时，你希望你也能够为他们做这样的事？其实，你可以的。看看查理做了什么。为了帮助杰西卡平静下来，他所做的就是关注她的情绪。这是他有意识的举动。正如我们看到的，他会忍不住告诉杰西卡克服它或者停止大惊小怪。但是，他发现如果他只是顺应她的体验，他就能帮助她处理好她的感受。这意味着不解决问题，不说："让我们解决这件事。"他只是倾听她的恐惧和痛苦直到她恢复平静。

通过说出他认为她可能有什么感受，他帮助她把"旧脑"和"新脑"连接起来。他说的一些话进一步缓解了她的紧张情绪：

- "你害怕那只怪物可能还在那里。"
- "我能看出来你很害怕。它真的很可怕。"
- "所以，它告诉你它不会走。"
- "你担心它会拿走贝塔。我能理解你为什么不想把贝塔给它。它那么疯狂。你怎么能把贝塔给它呢？没门儿。"
- "我明白，亲爱的。你希望保护贝塔，不让怪物把贝塔带走。它不可能拿到贝塔的，没门儿！"

查理可能忍不住想做的事情

当我们的孩子因为某件事情感到心烦意乱时，我们会忍不住：

- 提问："你很伤心吗？""这件事让你不高兴吗？"

· **劝告**："好吧，在我___岁的时候，我也曾经遇上过这种事。"
· **不理会他们的感受**："哦，不要为这件事担心！"

但是，这些做法都会激化而不是平复你的孩子的情绪。让我们看看这是如何发生的。

提问

他可能说过······   可能造成的结果：

"你很伤心吗？那个怪物让你不安？"

杰西卡还是感到不安。

这样说效果更好：   可能造成的结果：

"你害怕那个怪物还在那里。"

杰西卡依然很担心，但不那么焦虑了。

劝告

他可能说过······   可能造成的结果：

"你不需要担心。"

杰西卡变得更加不安。

这样说效果更好：

可能造成的结果：

"你担心它会拿走贝塔。我能理解你为什么不想把贝塔给它。它那么疯狂。你怎么能把贝塔给它呢？没门儿。"

杰西卡听到并且赞同父亲说的话，所以不那么焦虑了。

不理会他们的感受

他可能说过······

"杰西卡，回床上睡觉，没有什么怪物！"

可能造成的结果：

杰西卡变得更痛苦，并且开始与父亲吵闹。

这样说效果更好：

"我明白，亲爱的。你希望保护贝塔，不让怪物把贝塔带走。它不可能拿到贝塔的，没门儿！"

可能造成的结果：

杰西卡现在更平静了。

情绪辅导第一步：想象孩子正在经历什么

想象一个孩子可能正在经历什么，是情绪辅导最重要的步骤之一。思考任何一个孩子可能正在经历什么的一种方式，是思考发生的情绪集群。我称之为"情感集群"。一个情感集群指的是某个人对一件事可能产生的一系列情绪的集合。在任何情形下，人们常常会同时经历很多情绪。我们可以把它想象成钻石的各个面——又称刻面——每一面都代表与同一事件相关的一种感受。

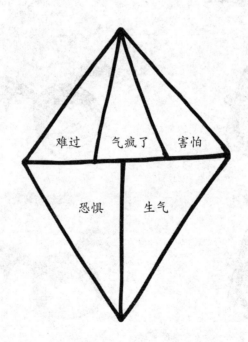

如果父母反射孩子的感受，大多数孩子都会做出良好的回应。在杰西卡的例子里，她感到害怕、恐惧、担心、被怪物气疯了并且决定决不放弃贝塔。查理在对杰西卡的感受做了最合理猜测的基础上说了几句话。他选择了那些符合她的感受而且她能听懂的词语。这让她建立起了我前面谈过的那种连接——在她的感受和查理描述那些感受的话语之间。查理反射出的情绪不是假的。它们是真实的，而且它们让杰西卡觉得爸爸理解她。查理说话的语气、他的注意力和他说的话交织在一起，表明他努力置身于杰西卡所处的状态，陪伴她体验一切。而这样做有用。

重要的是找到描述孩子情绪的词汇

如果你希望通过情绪辅导帮助你的孩子，你就需要找到词汇来描述他们可能有什么情绪。记住，一开始要以猜测的方式说出你的孩子可能在经历什么情绪。是的，它们是猜测，而且是可以猜测的。没有人能完全明白或者确定别人有什么感受，但是，如果你猜错了，他们会告诉你："不，我没有恼怒，我非常非常生气！"

情绪辅导不仅对于负面情绪——生气、沮丧和伤心——有用，它在你的孩子经历一些积极情绪时也有用。能够在他们开心、激动或者自豪时与他们"共频"，不仅能帮助他们"感觉良好"，还能给他们一种方法来处理积极情绪。

为了帮助你用反射式话语说出你的孩子的情绪，你可以将感受词汇与固定句式结合起来。这些句式可以给你提供很多方式来开始你要说的话。它们是开始进行情绪辅导的一个好方法，尽管一开始听上去可能会有些生硬，但经过练习，你将能够根据你的孩子面临的情形进行调整并且让它们听上去更自然。下面是你能加上任何情绪词汇的一个固定句式：

我能看出来你（感到）……

> 不安
>
> 生气
>
> 害怕
>
> 恐惧
>
> 愤怒

还有很多固定句式：

我能看出来他让你（感到）…… [恐惧] 因为它真的很可怕

如果那件事发生在我身上，我会（感到）　　　　[遭到背叛]

我只能想象得到你（感到）　　　　　　　　　　　[生气]

刚才发生的事让你看上去　　　　　　　　　　　[很惊讶]

我听说你　　　　　　　　[很快乐]，　　　这太好了！

所以，事实上你对于自己取得的成就感到　　　[非常骄傲]

我认为你此刻看上去相当　　　　　　　　　　　[激动]

我猜整件事情让你感到　　　　　　　　　　　　[不安]

看起来他那样做让你感到很　　　　　　　　　　[烦恼]

如果有人对我那样，我会感到 [失望]，那样做是不应该的。

这件事的发生让你看起来　　　　　　　　　　　[兴奋]

如果那件事发生在我身上，我认为我会感到　　　[疯狂]

情绪辅导如何起作用的更多例子

现在，我们要看一下布鲁姆夫妇最近面对的另外两个情形——一个涉及汤姆的愤怒，另一个涉及马迪在游泳嘉年华获得胜利后的欣喜若狂。记住，帮助孩子们理解他们的积极情绪也很重要。

情形1：汤姆·布鲁姆

汤姆和杰西卡狠狠地打了一架。杰西卡受伤而且哭了，原因是她从汤姆的房间里拿走了他的手机，汤姆因此用力打了她。汤姆很生气，而且觉得自己这样做很合理（而且还很愤怒），因为杰西卡最后把他下载的一些东西删除了。查理直接让汤姆去做暂停。当暂停时间结束后，汤姆从房间里走了出来。他的父亲正在客厅读报纸。

汤姆有什么感受？只通过了解发生了什么以及他的表情，你认为他有什么感受？下面是一些感受：

1.很生气

2.烦躁

3.气愤

4.非常生气

5.沮丧

下面是查理为了帮助汤姆反射汤姆对妹妹的感受而对汤姆说的一些话。我们可以把上面列出的这些词语放到几个句子里：

在我看来你对她感到	**很生气**
如果有人那么对我，我会感到	**烦躁**
看着你，我敢说你对你的妹妹感到	**气愤**
我能看出来你对你的妹妹感到	**非常生气**
所以，她总是到你的房间里去让你感到	**沮丧**

让我们看看发生了什么。我将用**黑体**字来显示那些关于感

受的话语。

在因为打妹妹而被送去做暂停后，汤姆从他的房间里走出来，满腔怒火。

汤姆：她真是个讨厌鬼。下载那些东西花了很长时间——非常长的时间。

查理看到汤姆气疯了，而且不认为自己的情绪是不合理的。

查理：在我看来，你对她感到**很生气**，伙计。

汤姆：（依然对弄丢了他的音乐而生气）她不应该那么做！她总是进入我的房间并且弄坏我的东西。我跟她说过那么多次不要进我的房间。

查理：如果有人那么对我，我也会**烦躁**。我知道你花了很长时间来下载那些东西。

汤姆：她就是个被宠坏了的讨厌鬼。我讨厌她。

查理：（认为汤姆的气快撒完了）是啊，看着你，我能看出来你对你的妹妹感到**非常生气**。

汤姆：（还在生气，但现在他能切换）我很生她的气。我讨厌她。

查理：你对她总是进入你的房间感到**沮丧**。我理解，伙计，我理解。

查理在这里只用了几句话来关注汤姆可能产生的感受。他倾听汤姆并且了解了他的经历。汤姆已经因为"大问题"——打妹妹——而被送去做暂停，但我希望你不要把他的生气看作是不良行为的一部分。汤姆或许有权利对妹妹感到非常沮丧，尤其是如果杰西卡知道未经允许不能拿走汤姆手机的情况下。查理很好地帮助汤姆识别了他的感受。可以预料，在未来几年，汤姆将学会以这种方式表达他的感受，而不是打他的妹妹。

通过以这种方式与汤姆建立连接，查理给了汤姆一个机会来表达对他的妹妹的一些恶毒想法。尽管汤姆很生气，但他或许会觉得爸爸至少在那一刻是"站在他那一边的"。查理从来没有赞成过汤姆对待杰西卡的行为。他所做的只是帮助汤姆找出词语来描述他有什么感受，而且汤姆开始平静下来。

查理在倾听汤姆的情绪方面做得很好。他原本可能会忍不住让汤姆闭嘴或者告诉汤姆"成熟点"，但相反，他帮助汤姆很自然地处理好了自己的情绪。汤姆觉得自己被倾听了，尽管他的行为不可接受——查理后来告诉了他。汤姆被他父亲的倾听技能安慰了。

看出情绪辅导——通过恰当地认可孩子们的感受，而不是他们的行为——是如何成为一种处理孩子行为的方法了吧。

情形2：马迪·布鲁姆

马迪在游泳嘉年华上度过了美好的一天——获得了两个亚军一个冠军。他骄傲万分，而且对今天发生的事情以及过去接受的游泳训练非常满意。马迪现在有什么感受？仅凭听到发生的事情，你猜他有什么感受？你认为他在经历什么？

1. _____

2. _____

3. _____

4. _____

5. _____

现在，将以上每种情绪与下面的固定句式连起来：

今天发生的事情让你看上去……[   ]

在我看来，你看上去……[   ]

这件事看上去让你对你付出的努力感到……[   ]

然后，如果你需要，可以再加一组：

看着你，我敢说你对于今天的成绩感到……[   ]

看起来你对自己在比赛里表现得那么好感到……[   ]

让我们再次看看真实的状况

下面是那天下午稍晚一些发生在马迪和赛琳娜之间的对话。我将用我的话语来填空。

马迪和赛琳娜在客厅里。马迪脸上挂着灿烂的笑容。

马迪：哦，妈妈！今天赢得怎么样！打败麦克斯·本菲尔德简直太棒了。我知道我能做到——只需要保持专注。

赛琳娜：你看上去对今天发生的事情感到**非常开心**，伙计。

马迪：真是太棒了，太棒了。简直超乎想象，真的，太棒了！

赛琳娜：在我看来，你看上去**很满足**。看上去今年你那么多次早起没有白费。我真的为你感到高兴。

马迪：是的，妈妈。我知道我因为要去训练而冲你发火。有几天天气太冷了，又起得那么早。但现在我做到了，感觉那么好。

赛琳娜：这件事让你觉得你的付出真的**得到了回报**。

马迪：是啊，是啊……棒极了！

赛琳娜在这里认可了马迪的感受。为了得到一个结果，马迪付出了很多努力——早起并坚持训练，所以，赛琳娜对马迪有什么感受的反射真的帮助他感受到了自己正在经历的快乐。再说一遍，只需要几句与马迪的经历相符的话语。赛琳娜能够让马迪表达出他对于自己付出努力的骄傲之情。

听完孩子的感受后，重要的是解决问题

在前面的几页里，我强调专注于孩子的感受非常重要，这样，他们如果生气了就能在你的帮助下开始整理自己的感受。这个过程应该能让他们开始切换。为了实现这一点，你需要"抽出"情绪。通过使用你的"情绪"词汇，你将帮助他们平息最初的原始情感。

但是，有时候情绪辅导还包括在可能的情况下邀请你的孩子一起解决问题。尽管帮助孩子们识别他们的感受很重要，但是，鼓励他们将他们的情绪体验当作一次学习机会或者解决问题的途径也很重要。我们在与其他成年人的交往中会这样做，所以，为什么不和我们的孩子这样做呢？下面是几个例子：

- "我知道你对刚才发生的事情感到愤怒。这并不好。我想知道如果那种情形再次发生，你有没有什么想法，你可能会做些什么？"
- "听起来你的经理做的事情对你确实有点儿不公平。你有没有办法向她提一下，以便不再发生类似事情？"

帮助孩子们解决问题，将给他们拼图游戏中一块重要的拼

片——不管这个游戏是如何处理他们的情绪，还有如何想出他们所面对问题的解决方法。

查理和汤姆一起解决问题

在前面提到的汤姆·布鲁姆的例子中，他对妹妹的怨恨和沮丧是非常真实的。正如你看到的，查理可以帮助他表达出这些感受。查理并不赞同汤姆的行为，但是，他"理解"汤姆的感受。尽管汤姆有权对妹妹从他的房间里拿走他的手机的行为感到愤怒，但他没权打她。他需要找到不那么暴力的方式来化解自己的情绪，而且查理能帮助他做到。

所以，对于查理来说，这个过程的下一步是帮助汤姆找到处理他的感受的更好的方法。一旦查理帮助汤姆表达出他的感受，查理就需要回到汤姆身上——或许在当天晚些时候——以便帮助他找出一个更合适的方法来处理未来出现的类似问题。下面是他们的对话：

查理和汤姆坐在客厅里。

查理：*汤姆，我明白你妹妹今天早些时候做得不对。我知道妈妈已经和杰西卡谈过了她的行为，而且我们也会继续要求杰西卡不要进入你的卧室。但是，我也不认为你的做法是对的。我们家人之间不能打架。*

汤姆：*是的，但她把我下载的东西都删了，爸爸！*

查理：*我明白，汤姆。我真的明白。你因为她删除了你下载下来而且很难恢复的东西而生气。但是，我想和你谈谈，你作为一个小男子汉不能打妹妹。我希望能想出一些不同的方法来处理这个情形，以防它在未来再次发生。所以，让我们看看我们能想出哪些办法……*

评论

查理这样做是为了确保汤姆的行为不被忽略。他能看出来，汤姆的沮丧之情是正当的，但是，他不希望汤姆得出自己的行为也没问题的结论。汤姆的行为有问题。

所以，他跟汤姆提起了这个话题——在汤姆一开始的强烈情绪过去以后——来与汤姆一起解决问题。如果在更平静的状态下汤姆能想出更好的方法来代替打妹妹，那么他至少已经有意识地思考过替代行为——要求他的父母好好管管杰西卡或者告诉杰西卡他有多么生气——而不是诉诸暴力。查理希望汤姆未来遇到类似这种情形时能自我调节。

成年人和孩子都有强烈的情绪反应

当查理半夜在那家乡村旅馆里醒来，他能够通过弄清楚自己在哪里以及刚刚发生了什么来让自己平静下来。他告诉自己要平静下来。类似的事情也发生在杰西卡做噩梦的时候。两个人都被吓坏了，都经历了心跳加速，都感到迷惑不解。但是，在杰西卡的例子中，查理发挥自己冷静下来的能力安慰了杰西卡。在两个例子中，他们的"旧脑"的"灯"亮了，"警报"拉响了，但是，在杰西卡的例子里，查理用自己功能更强大的"新脑"帮助他的女儿平复了恐惧情绪。

这两种情形都不代表紧急情形，但是，最初的强烈情绪是一样的。这就是为什么理解强烈情绪通常比我们的理智出现得早很重要，这样我们就能运用自己更发达的"新脑"来抚慰孩子的心灵——不一定在他们行为不端的时候，还包括其他很多情绪激动的情形。

情绪辅导将帮助你解决更大的问题

了解了情绪辅导的基本知识，就为解决更大的问题做好了准备，尤其是孩子们长到10岁以上、进入青春期后。在你们协商时，能够真正"听懂"孩子有什么感受将帮助他们整合他们的感受，尤其是在那些情绪激烈的时刻。在下一章中，我们将谈谈在你希望解决一个重复出现而且需要一点儿手腕才能解决的问题时如何展开谈话。

套餐：情绪辅导与数 "1，2，3" 的结合

有时候，认可孩子们的情绪以便帮助他们感觉被认可很重要。但是，有时候，当我们通过数 "1，2，3" 来说 "够了——你需要停下手里的事情" 时，我们或许还会发现同时认可孩子的情绪也很有用。

同样的，这种认可可以被当成数 "1，2，3" 的一部分使用。不要只说："这是1，这是2，这是3"，你可以认可你的孩子可能有什么感受，尽管你需要处理他们的不良行为："我知道你感到沮丧，但你不能推你的妹妹。现在，这是1。"在很多情况下，认可他们的情绪，然后说 "这是1" 来表明他们做出的这一行为是不可接受的，你就能够平息一个孩子激烈的反应。如果一个情形正在升级，而且可能是针对你的，你可能会发现这个方法很有帮助。

小 结

- 情绪辅导有三个目的：给孩子一套他们能自己使用的"情绪"语言；能用来管理孩子的行为；能强化你与孩子之间的亲情心理联结。

- 情绪辅导可以用在孩子们经历强烈情绪而且需要帮助以便平静下来的时候。这类行为未必是问题行为。

- 孩子们对问题的看法与成年人的不同。他们感到害怕和恐惧的情形，你未必感觉得到。

- 成年人能够自我安慰，但孩子们会发现处理自己的情绪更难。我们需要帮助他们识别自己的感受。

- 如果你陈述（运用反射式倾听）而不是提问，进行情绪辅导会更容易。孩子们通常缺乏清晰表达自己感受的词汇，所以他们需要我们的帮助。

- 情绪辅导的最后一个要素是帮助孩子解决问题，这样他们就能从他们的经历中学习。

第 **4** 篇

促进"值得鼓励的行为"

第10章

解决大孩子的糟糕态度和行为

如果我给你的印象是在出现问题时你不应该与你的孩子交谈，那不是我的本意。与你的孩子——尤其是10岁以上的孩子——讨论你希望看到的他们行为的改变，要讲究时间和地点。我们在此谈论的不是那些随便几句积极的话语或者偶尔撤销几项特权就能改变的行为，而是那些需要一个更深思熟虑的策略的行为。

我们关注了解决问题行为的三种主要方法：忽略、数"1，2，3"以及在孩子情绪激动时进行情绪辅导。但是，现实是，有时候你需要与你的（大一点的）孩子就重大问题进行交谈。这些问题可能是那些你一直忽略但现在你决定最好在它们进一步失控前做些什么的问题。

下面是我所说的几个例子：

· 你10岁的女儿似乎经常变得非常生气。她似乎在利用她的愤怒威胁她的妹妹。你希望少看到这种行为，并且帮助她用更好的方式解决她对妹妹的不满。

· 你10岁的儿子花大把时间与一群十几岁的孩子在街上游

荡。你知道他深受他们影响。你听说这些十几岁的孩子里有几个已经因为偷窃惹上麻烦。你希望保护他以免遇上不必要的危险，而且你希望他与他的同龄人在一起时更加安全。

· **你11岁的儿子去邻居家偷钱被当场抓获。**这位邻居告诉你，在此之前已经丢过钱，但这次他们当场抓住了你的儿子——他从邻居的钱包里拿了50美元放进自己的口袋，正在把钱包合上放回去。你希望你的儿子的行为符合道德规范，并且希望他明白诚实的重要性。

· **你12岁的女儿一天似乎有一半时间花在社交媒体上。**她的生活在你看来似乎失去了平衡。她告诉你她的社交媒体上的"朋友"都是"贱人"，还告诉你她要"报复"同校的一个女生。她认为在网络上威胁人没什么问题。你希望她重新过上更平衡的生活，并且正确使用互联网。

· **你12岁的儿子很暴躁，而且会对家里的每个人发火。**最近你听到他半夜跟他的朋友聊天，而且在上学日的凌晨2点，你以为他已经睡着时却发现他在打一个大型多人在线游戏。你不介意他玩游戏，但是，不能以牺牲他的睡眠或者家里其他人的平静为代价。

重要的是要注意到，这些问题有几个共同的关键要素：

· 大多数问题都是随着时间的推移逐渐形成的。它们不是突发事件——比如你的孩子突然和一个朋友打了一架——而是慢慢恶化的事件。

· 类似这样的问题通常会变得越来越大而不是相反。

· 它们通常不会自行消失，而且孩子们无法随着成长而摆脱它们。

·你能够处理这类问题，而不必让交谈变成第三次世界大战。

专家怎么说

专业调解员每天都在帮助人们解决纠纷，他们创造出了一系列实用的步骤来帮助人们应对困难的人际关系情形。他们使用谈话规则来让人们进行艰难的谈话。在本章，我将向你展示一个模板——以那些调解专家使用的模板为基础，帮助你就前面列出的几类问题与你的孩子谈话。这被称作"剧本式谈话"。

剧本式谈话是解决困难问题的一种方法，它可以给你一个坚实的框架，让你能坚持谈话而不至于迷失。如果你被打断，或者如果你的孩子们在谈话进行到一半时变得不高兴，剧本式谈话能让你免于惊慌失措并且乱了思路。我将用本章开始时提到的一个问题，向你介绍如何与你的（大一点的）孩子进行谈话，同时牢记目标——解决这个问题。

我想出的这个剧本式谈话叫作PASTA。

PASTA谈话法

PASTA代表"准备"(Prepare)、"预约"（Appointment）、"陈述"（Say）、驯服老虎（Tame the tiger）以及"达成一致"（Agree）。PASTA谈话法的理念，是给你提供进行一次艰难谈话的方法，让你可以控制谈话的过程，并且避免失控。

针对10岁以上孩子的PASTA谈话法

- · 准备（Prepare）：开始思考"问题是什么"。
- · 预约（Appointment）：预约一次谈话。
- · 陈述（Say）：说一些安慰的话语，"问题是什么"以及"你希望得到什么"。
- · 驯服老虎（Tame the tiger）：在谈话的过程中缓解情绪。
- · 达成共识（Agree）：就一些事情达成共识。

　　我们完全可以理解，我们中的很多人倾向于避免与我们的孩子——或者任何人——进行艰难的谈话，因为这种谈话几乎没有让人高兴的时候。然而，如果你知道该如何进行谈话，你就能更好地与你的孩子一起解决问题。正如急救人员遵循一套程序开展工作一样，你也可以遵循一个解决问题程序，而且大多数时候都能成功。PASTA谈话法的每一步都需要提前准备，但是，过不了多久，你就完全不必再使用这些准备工作表（见本章末尾）。

　　为了看看PASTA谈话法是如何起作用的，让我们用它解决本章开头提到的一个问题。

布鲁姆一家的PASTA谈话法实践

　　你12岁的儿子很暴躁，而且会对家里的每个人发火。最近你听到他半夜跟他的朋友聊天，而且在上学日的凌晨2点，你以为他已经睡着时却发现他在打一个大型多人在线游戏。你不介意他玩游戏，但是，不能以牺牲他的睡眠或者家里其他人的平静为代价。

是的，这个例子说的完全就是汤姆·布鲁姆。

你可能还记得，汤姆是布鲁姆夫妇的大儿子。他是一个不错的孩子，一个典型的12岁男孩，但是，他的父母开始对他养成的一些习惯感到担忧。他们意识到汤姆沉迷于他的新手机。他把手机带到床上，给他的朋友发消息，刷社交网站。然后，就是多人在线游戏问题。赛琳娜和查理不介意汤姆玩游戏，但不能在深夜玩。他会得不到充足的睡眠（见下方），而且还会影响每一个人。是时候与汤姆进行一次PASTA谈话了。

我们需要多少睡眠？

- 不足一岁：每天14—18小时
- 学步期孩子：每天12—14小时
- 小学生：每天10—12小时
- 高中生：每天9—11小时
- 成年人：每天7—9小时

来源：http://www.sleepeducation.net.au/slep%20facts.php

与威尔斯医生谈过以后，布鲁姆夫妇知道，如果他们使用
PASTA谈话法，就可以更好地与汤姆谈话。不过，他们也知道
这并不容易。汤姆可能会做出以下反应：

· 说他的父母小题大做。

· 生他们的气。

· 指出他的父母的世界观前后不一。

· 说没有人的父母像他们这样不讲道理。

· 指责并且／或者找茬。

· 告诉父母他的人生就要被毁了。

· 突然转变话题，以转移父母的注意力。

· 推卸责任："这不是我的错。"

· 大事化小小事化了："你们纯粹是小题大做！"

· 生气并且走开。

· 争辩说父母建议的改变将会毁掉他的人生。

· 说"我再也不这样了"，之后一切照旧。

· 说："你什么事情都怪到我头上！"

这是汤姆这个年龄的男孩在被人诘问时的正常反应。

汤姆不存在对抗性行为问题，但和所有人一样，当有人挑
战他想做什么就做什么的想法时，他会发现自己很难控制住所
有的情绪。赛琳娜和查理正试图预测其中的一些反应，并做好
准备应对它们。当你需要与孩子进行PASTA谈话时，你或许也
要做同样的事。如果你准备充分，整个过程就不会那么困难。

但现在，让我们直奔正题，看看赛琳娜和查理打算如何与
汤姆展开PASTA谈话。

准备（P）

他们需要做的第一件事是想出他们要说什么。这个过程并不困难，而且一旦他们多做几次，就不需要做那么多准备了。不过，刚开始，在准备的过程中做好以下5步是很重要的，这样你就能形成一种节奏感。

> **赛琳娜**：我简直无法相信汤姆那天凌晨两点还在玩多人在线游戏。第二天还要上学呢！他到底怎么了？他应该很清楚啊。
>
> **查理**：有时候他还一直玩手机。他最近在屏幕时间这件事上确实越界了。
>
> **赛琳娜**：我不知道……在某种程度上，他这个年龄的男孩都这么做，但是，他最近变成了个烦躁易怒的讨厌鬼。我估计一半是因为他睡眠不足。
>
> **查理**：嗯，我认为我们应该跟他谈谈。你觉得我们周六跟他谈谈怎么样？10:00怎么样？
>
> **赛琳娜**：好主意！
>
> **查理**：谁来告诉他？
>
> **赛琳娜**：我来吧。早上上班前我会跟他说清楚。
>
> **查理**：或许我们可以一起试试PASTA谈话法？
>
> **赛琳娜**：嗯，好主意。我认为我们需要让他看到我们在这件事情上很团结。

布鲁姆夫妇正要解决这个问题。他们有一些来自威尔斯医生的准备工作表（你将在本章末尾找到）。

他们需要做的第一件事是使用一个被称为CPR的简单

公式，来描述他们所面对的问题。我最早在佩里·帕特森
（Kerry Patterson）和他的同事所著的《关键冲突》一书中见
到了这个公式。他们提出，通过仔细观察三个方面，即内容
（Content）、模式（Pattern）和人际关系（Relationships），
所有问题都可以得到描述。让我们试试吧。

· **内容**。对于赛琳娜和查理来说，第一阶段是从外部描
绘问题的全貌，就像有人从远处观察它一样。这就是问
题的内容。下面是他们试图以客观的第三人称来描述他
们将要说什么。关键是保持客观——他们只需要描绘问
题，不需要任何谩骂之词。

汤姆晚上熬夜到很晚，第二天还要上课。（事实）
深夜，汤姆在父母以为他已经睡了时还在发信息。（事实）
汤姆晚上与其他时区的孩子玩多人在线游戏。（事实）

· **模式**。通常，问题是作为一个已经形成的模式的一部分
而发生的。赛琳娜和查理思考了造成汤姆的问题的一系
列事件。他们这样描述这一模式：

汤姆已经养成了玩刺激游戏直到睡觉时间的习
惯——没有放松的时间，也没有为睡觉做准备的时间。
这种情况已经持续三个月了。

· **人际关系**。我们在家里做的事情会影响其他家庭成员。
在汤姆的例子里，他的疲惫几乎给每位家庭成员都带来
了麻烦。他脾气暴躁，而且过于频繁地对家人发脾气。

布鲁姆夫妇这样描述：

> 汤姆对家里的每个人都急躁、易怒。他的所作所为给他妹妹造成很大压力。他几乎总是对妈妈发火。

确定底线、能妥协的事情以及后果

在准备一次艰难谈话之前，还有三件事情需要准备。赛琳娜和查理需要想清楚：

1. 他们的"底线"是什么？换句话说，哪些事情不能继续下去。（例如，汤姆没有得到充足的睡眠。）
2. 他们愿意做出哪些妥协？（例如，谈话的时间以及上床睡觉的时间。）
3. 持续违反规则会有什么后果？（例如，再进行一次艰难谈话，没收手机或者电脑一段时间。）

他们必须事先明确这些事情，这样一来，如果它们出现，他们才知道如何处理。

预约（A）：预约一次谈话

现在到了赛琳娜和查理与汤姆确定谈话时间的时候了。赛琳娜主动提出由她出面安排这次谈话。

赛琳娜已经准备好去上班而且当她拦住汤姆时很平静。她知道自己要说什么并且已经考虑过如果汤姆打断她该怎么做。

赛琳娜：汤姆，你今天在学校里有什么安排？

汤姆：哦，今天是苏菲的生日，所以他们打算搞个蛋糕之类的事情。

赛琳娜：好啊，替我祝她生日快乐。在我上班之前，我想安排时间谈谈关于上网以及家里最近发生的几件事。

汤姆：（立刻戒备起来，他很疲惫）什么？我们为什么要这样做？我们为什么要谈这些？

赛琳娜：（没有上当，而是专注地说完她想说的话）汤姆，现在不是一个好时机——我得去上班了。但是，你爸爸和我想和你谈谈我们一直想解决的几件事。所以，我希望你能跟我们谈谈。你现在是一个快到青春期的小伙子了，跟我们商量一些事情对你有好处。我们可以在周六上午10:00在起居室里吃点蛋糕。怎么样？

汤姆：（转转眼珠，扮了个鬼脸）有什么需要解决的？

赛琳娜：（很平静——她对汤姆的反应眉头都没皱一下）周六10:00合适吗？

汤姆：不行。乔和我周六要去滑冰。

赛琳娜：12:00呢？那时候你应该已经回家了。

汤姆：（小声抱怨着，一副不情愿的样子）可是，妈妈，我不明白。我们为什么要这么做？

赛琳娜：（*无视他的恳求*）你为什么不想想你到时候想说什么呢？我们将在周六12：00谈谈，吃点蛋糕。

赛琳娜在这里做得很好。她没有试图立即与汤姆进行谈话。她告诉汤姆她和查理想与他谈什么、在哪里谈以及什么时间谈。她自始至终保持着平静。

陈述（S）：说一些肯定的话语（1）

现在是周六。赛琳娜、查理和汤姆正坐在起居室里沏茶和切蛋糕。

查理：（*知道他必须说些积极的话来开始交谈*）汤姆，好了吗？如果你准备好了，妈妈和我想开始谈话。干得好，伙计。

汤姆：我们必须这样做吗？有什么大不了的？

查理：是的，伙计。我们必须这样做。我想说的第一件事是你没有遇上麻烦。我们认为你目前大多数时候都表现得很好。我们喜欢你出去运动，而且你对摩托车那么感兴趣，这太棒了！

汤姆：（*叹气，抱怨*）这要花多长时间啊？我还有事情要做呢……你知道的，像是家庭作业和……

查理：（*表达共同立场*）你是一个很棒的男孩，汤姆。但事情是妈妈和我担心家里的互联网使用情况，而且我们想做一些改变，让它给我们所有人都带来好处。我们都知道，只要好好利用，互联网就是一个好东西。然而，最近我们觉得你使用电脑和手机的方式有点儿问题。如果我们能在一些事情上达成一致，我们就不用找你麻烦了。我敢肯定你不希望我们在这件事上唠叨你，所以，我希望我们能达成一致。这样，我们就能把这件事抛到脑后，好好生活了。

汤姆：（咄咄逼人地攻击）你们就是想一直控制我。为什么我不能过自己的生活？

查理：（保持专注和控制，没有上当）我猜到你不会希望永远让我说了算，但是，考虑到你现在才12岁，我们现在依然还有发言权。

汤姆坐在那里，为了不得不参加这场让他蒙羞的谈话感到恼火。

查理在这里开了个好头。他对汤姆说了一些友好的话。他告诉汤姆，汤姆没有惹麻烦，并且说他和赛琳娜想跟汤姆谈谈在家里上网的问题。

陈述（S）：说出问题是什么（2）

查理：（以非情绪化、实事求是的语气）所以，汤姆，问题是这样的。自从你上个月买了新手机，我们就注意到你晚上很晚了还在收信息。上周发生的另一件事情是，我们进入你的卧室时已经很晚了，而你正在电脑上和几个玻利维亚人一起打线上游戏。

汤姆：（明显被激怒了）那又怎样，爸爸！这有什么大不了的？

查理：汤姆，那时是凌晨两点，而且你第二天还要上学。

汤姆：学校烂透了！

查理没有打乱他的说话顺序，也没有忘记他还没有完全描述完问题——他依然需要向汤姆描述他在家里看到的关于汤姆烦躁易怒的情况。

查理：我能看出来你可能认为我们在这件事上小题大做，

汤姆……但是，我还没有把你妈妈和我在家里看到

的情况说完。所以，如果你能再给我一点时间，我

想把话说完。

我们注意到的另一件事情是你最近在家里总是发脾

气。事实上，你对妹妹大发雷霆的次数越来越多。

这样不好，伙计。我们认为这可能是因为你的睡眠

没有达到我们认为你需要的时间。

汤姆：啊？现实点吧，你们俩！你们在说什么，"睡眠不

足"？胡扯。到底谁需要睡眠？

查理：（努力不被汤姆的沮丧干扰）我知道这让你感到沮

丧。但是，我想回到主题上来。你能试着再忍一会

儿，让我说完后你再说吗？

查理已经被打断了好几次，但他没有乱方寸。他知道自己需要说清楚三件事情：汤姆在原本应该睡觉的时候还没睡；他一直玩游戏到深夜；他在家里烦躁易怒。查理已经为自己想描述的事情做好了铺垫。

陈述（S）：说出你希望达成的目标（3）

查理：（回到他希望看到改变的主要事情上）所以，汤姆，妈妈和我讨论了这个问题，下面是我们希望你做的事情。我们决定让你做三件事。第一件，我们希望家里每个人的手机和笔记本电脑在晚上都要放在厨房充电。第二件，我们希望你在上床睡觉之前有1小时的放松时间——不能用屏幕设备，周末和节假日除外。这意味着我们希望每个人在晚上九点前都放下自己的屏幕设备。第三件，我们希望你每天晚上至少睡8.5小时。

汤姆的反应不太好。他看上去越来越生气和抵触。

汤姆：这没道理！你们的意思是我不能把手机带到床上？我的社交网站与你们无关！这里是什么地方，监狱吗？你们又上了另一种课程吧？

查理明显停顿了一下，来整理他的想法。

记住，我们可以预料到汤姆对于他的父母希望改变的事情

"我们决定让你做三件事。"

不会感到高兴。但是，查理在这里要做的是保持平静，不要被汤姆的反应激怒。他专注于自己在谈话中扮演的角色，并处理汤姆的不开心的情绪。他已经有所准备。他知道他能够等待，而且他知道他需要做些什么来应对汤姆的反应。

驯服老虎（T）：缓解情绪

> **查理：**（做反射式陈述）汤姆，我可以看出你对此感到愤怒。我能看出你可能觉得我们在小题大做。
>
> **汤姆：**（依然很生气）但这不公平——哪里有你们这样的父母。这太不公平了！

汤姆开始激动起来，预料着最糟糕的情况并且依然抗拒，变得越来越愤怒。

> **汤姆：**就是这样！你们想夺走我的手机。你们试图阻止我用社交媒体。你们只想控制我。哪里有你们这样的父母！你们就是两个控制狂。
>
> **查理：**（做更深入的反射式陈述）所以，你认为我们对你太苛刻了。
>
> **汤姆：**（明显更理直气壮，甚至更愤怒）这不公平。为什么我有一部手机就要受到惩罚？
>
> **查理：**我们没说你不能用手机，也没说你不能用社交网络。我们说的是，我们需要知道所有人都在正确地使用互联网，而且我们认为你晚上总熬夜，睡眠不足。我们认为你用手机的方式并不符合你的最大利益，汤姆，我们想说的就这些。
>
> **汤姆：**最大利益？这是什么意思？你们只是想惩罚我。
>
> **查理：**所以，你认为我们试图惩罚你是因为你做了你真正

感兴趣的事情?

汤姆:是的,你们就是!该死!

查理:妈妈和我希望确保你的安全和健康。我们希望你为
上网行为承担起责任,并且恰当地使用手机。我们
希望确保你得到充足的睡眠,并且不要累及学业。

汤姆:(暴躁地咆哮)得了吧……睡眠!哦,可拉倒吧!
我睡得够够的。

*赛琳娜决定她得说些什么了。她没有分心或者生气,而是
挑战汤姆让他承担些责任。*

赛琳娜:你因为爸爸和我想给你设置一些限制而感到烦
恼。这很正常。不能做你想做的事情让你沮丧。

汤姆:(不安,受到冒犯而且义愤填膺)是的,可是……
我怎么跟国外的朋友打游戏?

赛琳娜:我想你可以和同时区的朋友们玩其他游戏,汤
姆,这样你就不会深夜上线而对其他朋友来说是
白天了。

汤姆:糟透了。

赛琳娜:我能看出来这让你很沮丧,汤姆。

再一次,查理和赛琳娜坚持把想说的话表达完。他们继续认
可汤姆可能产生的感受。尽管不赞成,但他们在情感上"陪伴"
汤姆(记得上一章提到的情绪辅导吗?)但同时他们坚持自己的
立场。他们已经为汤姆的反对做好了准备。他们没有与汤姆争
论,他们之前做的准备工作让他们能更好地应对汤姆的怒火。查
理和赛琳娜已经想清楚他们想要什么。他们清楚表达了他们想改
变汤姆的行为的原因:他没有照顾好自己,没有睡够觉,而且他
的疲惫导致他向杰西卡发火。做得好,两位父母!

达成共识（A）

查理：汤姆，我们真的为你至少与我们讨论这个问题而感到
骄傲。我们意识到你对我们要求你做的事情感到不开
心。我们一直担心你在家里的烦躁情绪，尤其是你对
你的妹妹大发脾气。

汤姆：可是，这也太傻了。

查理没有理会这句话。

查理：好，所以接下来将发生这些事情。我们希望你安排
好时间，这样你在上学日的晚上10点就能上床睡
觉。第二件事情是，除非有特殊情况，我们晚上9
点停止使用电脑和手机。可以看电视。我们晚上要
把所有的手机和笔记本电脑放在厨房充电。到新年
时，我们会回顾这个计划，看看事情进行得如何。
我们认为这个安排将帮助每个人对彼此更宽容些。

查理对这次谈话进行总结。

查理：汤姆，妈妈和我很高兴你能跟我们一起探讨这个问
题。我们意识到这对你来说要求有点高，但我们需

"好，所以接下来将要发生这些事情……"

要看到你没有牺牲睡眠时间去上网。如果事情发生了改变，我们或许也会改变今天我们谈论的内容，但到时候我们会再讨论这个问题。

汤姆：（内心想着"才怪呢！"，但也有点认可他父母说的话）好的，好的，我现在可以走了吗？

赛琳娜：当然可以。（汤姆起身准备离开）谢谢你，汤姆，你做得很好。

查理和赛琳娜保持着冷静和坚定。没有大喊大叫，也没指责——只有关于他们家将要发生什么以及如何做到的明确说明。汤姆没有主导，而且当他的父母发现他的行为不符合他的最大利益时，他们就需要接手。赛琳娜和查理立场坚定，拒绝让汤姆的反应引发问题。尽管汤姆的情绪时不时会变得激动，他们都保持冷静和沉着，反思过去的经验，并来回权衡汤姆的反对意见与他们希望说明的脚本。

没有必要恐慌——他们知道他们终将成功。就像一艘帆船在逆风时必须改变航向在不同的位置迂回才能到达目的地一样，查理和赛琳娜也朝着解决汤姆的"无法接受的行为"的方法前进——一切都那么有效而平静。

查理和赛琳娜自始至终都保持平静，尽管他们发现对汤姆的一些激烈行为不做回应相当具有挑战性。还记得在第7章中我们讨论的如何控制我们自己是管理我们孩子行为的关键吗？现在你可以看到这一点在一次PASTA谈话中是如何发挥作用的。尽管查理和赛琳娜觉得很难，但他们能够控制自己的情绪并且牢记自己更大的目标——解决汤姆的"无法接受的行为"。通过这样做而不是大发脾气，查理和赛琳娜给孩子们树立了一个榜样，即问题未必总是需要通过大喊大叫和严厉斥责来解决，而是可以通过遵守一个程序并做一点儿计划来解决。如果在孩子们进入青春期前就开始使用这一解决问题的策略，那么对所有相关人员来说压力都会小很多。关键是在孩子们还没进入青春期前就开始使用这个程序，这样这个程序就会变成他们家庭模式的一部分。

设计你自己的PASTA谈话——操作指南

在接下来的几页，我将详细介绍PASTA谈话里的每个步骤。记住，无论问题是什么——你都可以用PASTA谈话来使自己保持在正确的轨道上。然后，在本章的结尾处，你将找到几张工作表，你可以用来准备你的PASTA谈话。当你填完表格之后，我建议你和一位朋友练习这个谈话。这会让你为应对你的孩子的反应做更充分的准备。

成功地解决与你的孩子的困难问题，关键在于你与他们进行艰难谈话时的行为举止。有以下三个要点：

· 你下决心不发脾气或报复
· 不要因为孩子让你心烦而责怪他们
· 放松，并放弃你必须完全正确的想法

如果在你努力处理了孩子的反对意见后，他们依然没有安静下来，你可以取消谈话（推迟到另一天），或者要求他们暂时保留意见，以便你可以继续谈话或者执行你们已经达成一致的后果。也就是说，你要有可以执行的反应。在这里重要的是，如果我们希望孩子们自我调节，我们也必须这样做，而且这意味着我们的大脑在正确的状态下进行谈话——不会焦虑、不会忍不住想争吵，也不会生气。你不需要这样做。你只需要照着你的脚本行事。

准备（P）

你在准备阶段的目标是撰写你的脚本。一旦你与你的孩子们进行了几次PASTA谈话，你可能就不需要做那么多准备，但是，第一次进行PASTA谈话时，准备非常重要，这样可以避免你丧失立场或者被岔开话题。

首先，使用CPR思考问题，并考虑以下几个方面：

· 内容（客观描述问题的内容）。
· 模式（思考该问题是否一再出现，以及它是如何一再出现的）。
· 人际关系（看看它对于信任和合作产生了怎样的负面影响）。

其次，考虑以下几点：

· 你的底线是什么？
· 你愿意在哪些方面做出妥协？
· 如果拒绝接受底线（核对CPR），有什么后果？
　　－取消特权
　　－施加限制（例如减少上网时间）

预约（A）：预约一次谈话

在这里，你的目的是向你的孩子说明这件事。你并不想立刻进行谈话。相反，这应该是一个正式的预约，不应该赶时间或者匆忙进行。

· 在你或孩子要离开或要去某个地方的时候进行。这样做是为了推迟PASTA谈话的时间，以便你有时间做准备，而且你们这样做会让事情显得更正式。你正在尝试建立一个更加结构化、更平静的新型谈话模式，而不是在门廊匆匆说两句话，或两个人站着冲着对方大喊大叫。
· 告诉他们你想谈什么。
· 告诉他们你们在哪里谈。
· 给他们一个谈话时间。
· 告诉他们你希望听到他们的想法。

从赛琳娜和汤姆的对话中，你应该记住这一点：

在我上班之前，我想安排一个时间和你谈谈上网问题和最近家里发生的一些事情。我们想在周六上午10：00和你一起在起居室谈谈。爸爸和我想说点儿事情，而且我们也想听听你的看法。

陈述（S）：说一些肯定的话语（1）

你的目的是以肯定的态度开始谈话。

· "我想跟你说的第一件事情是，我们对你能坐在这里跟我们交谈感到骄傲，这表明你非常成熟……"
· "你能出席这次会议太好了，……让我印象深刻。"

- "我想以这句话作为这次谈话的开场白：'很开心你能坐在这里……'"
- "我们很爱你，而且我们认为你是一个优秀的孩子……"
- "我们知道的你的优点之一是……"
- "当你向我们表明你能够进行谈话时，我们能看出来你变得多么成熟。"

查理和汤姆最初的对话是这样的：

我想说的第一件事是你没有遇上麻烦。我们认为你目前大多数时候都表现得很好。我们喜欢你出去运动……

陈述（S）：说出问题是什么（2）

回想你准备的CPR，你客观地描述了问题的内容、问题的模式以及它是如何影响人际关系的。现在你需要用简单的、非情绪化的语言向你的孩子解释这个问题。重要的是，你会注意到，查理将这些问题当作"事实"陈述。没有修饰，没有人身攻击，也没有侮辱。

下面的内容来自初始对话的脚本：

所以，汤姆，问题是这样的。自从你上个月买了新手机，我们就注意到你晚上很晚了还在收信息。[事实]

……我们进入你的卧室时已经很晚了，而你正在电脑上和几个玻利维亚人一起打线上游戏。[事实]

我们注意到的另一件事情是你最近在家里总是发脾气。[事实]

要想以这种描述开场，你需要使用下面这些话语：

- "让我先告诉你最近发生的事情……"
- "我想告诉你我们观察到的情况……"
- "我们注意到，你……"
- "我们听说你说……"
- "我只是想把我看到的事情重演一遍……"
- "我希望向你描述我认为最近发生的事情……"
- "如果我可以从回忆前几天发生的事情开始的话……"

陈述（S）：说出你希望达成的目标（3）

你在这里的目的是告诉你的孩子你希望将来看到什么。下面是最初的对话：

所以，汤姆，妈妈和我讨论了这个问题，下面是我们希望你做的事情。我们决定让你做三件事。第一件，我们家里每个人的手机和笔记本电脑在晚上都要放在厨房充电。第二件，我们希望你在上床睡觉之前有1小时的放松时间——不能使用屏幕设备，周末和节假日除外。这意味着我们希望每个人在晚上九点前都放下自己的屏幕设备。第三件，我们希望你每天晚上至少睡8.5小时。

驯服老虎（T）：缓解情绪

你在这里的目的是处理你的孩子的沮丧或者愤怒，并且尝试让他们平静下来，如果他们情绪激动的话。如果你预料到你的孩子不一定接受你说的话，你可以准备好应对的回答。当他们打断你，要记住自己说到了哪里，暂停一下，然后：

· 说出你看到他们身上发生了什么

· 想象他们有什么感受，并且告诉他们

　　记住，你在这里是急救人员。你在努力保持客观。你可以放慢谈话的节奏，并且根据他们的感受来安抚他们，或者帮助他们重新拥有安全感（就像前面关于情绪辅导的章节中提到的）。让我们再次使用航海的比喻，你可以改变航向，然后重新回到PASTA谈话。你知道你要去哪里。你只需要记住你目前进展到哪一步。如果孩子打断你，你可以在听完他们说的话之后，继续PASTA谈话。对于大多数孩子来说，这就足够了。倾听他们的感受，帮助他们切换，然后，沉默一会儿，从中断的地方继续进行PASTA谈话。

　　反射式倾听的话语可以用下面这些话开头：

· "所以，我听见你说……"

· "我猜你觉得我们……"

· "在我看来，你正在……"

· "如果我是你，我也会对此感到特别[愤怒]……"

· "我看到的是，你正在……"

· "在我看来，你似乎对……感到非常沮丧"

· "看着你坐在这里，我想……"

　　换句话说，如果你正确地驯服了这只"老虎"（通过与孩子的感受共情），应该能够减轻孩子正在经历的情绪的激烈程度。这种觉得自己真正被倾听的感觉足以帮助他们恢复理智，这样你就可以继续PASTA脚本，并解决这个问题。

　　记住，如果事情搞砸了，你可以退出。不幸的是，一些孩子确实养成了肆无忌惮地发脾气的习惯，他们无法被反射式倾听安抚。相反，这些孩子可能养成了威胁父母的习惯。再说一次，你要记住的第一件事就是让自己保持冷静。你可以选择：你可以挑战你的孩子以便获得掌控权，或者告诉他们你将在他们准备好更平静地讨论这个问题时再谈话。或者，你可以运用后果。

因此，总之，如果你暂时停止了PASTA谈话以便真正"听懂"你的孩子正在经历什么，而且你已经说了四五句很恰当的反射式话语，但你的孩子就是平静不下来，你将需要说下面这些话来要求他们控制自己。例如：

我真的在努力倾听这件事让你感到多么沮丧。我想继续解决我们遇到的这个问题，但是，除非你能让自己平静下来，否则我无法做到。你认为你能更平静一些吗？还是我们应该把谈话推到明天？

也就是说，你真的已经很努力倾听了，但是，除非他们平静下来，否则谈话无法继续。你可以要求他们重新整理思绪，这样你可以继续谈话，或者给他们选择改天进行谈话的机会。

如果这种方法无法"驯服老虎"，你需要启动B计划：今天就到这里吧。但是，下一次谈话时，你需要提醒你的孩子将事情解释清楚对你来说很重要，而且他们上次的威胁行为是不可接受的。跟他们说明白，如果你们要想商量出一个好结果，他们就需要显示出一些自我控制能力。

清楚你的底线以及你愿意做出的妥协（比如，谈话的时间，以及后果是什么），将让你更清晰地思考如果协商不出结果该怎么办。首先尝试安排下一次谈话（记住，这对你们来说都是第一次遇到），如果这也不管用，就实施你的触碰底线的后果（比如，没收手机一天）。

达成共识（A）

你最后的任务是描述你们的共识。如果你能说出对你和你的孩子来说共识是什么，那就太好了：

- "我想总结一下我认为我们达成一致的事情……"
- "好了，让我们看看我们都说了些什么……"
- "如果让我来总结一下我们达成了哪些共识，我会说……"
- "让我概括一下我认为我们达成的共识……"

原来的情景中是这么说的：

好，所以接下来将发生这些事情。我们希望你安排好时间，这样你在上学日的晚上10点就能上床睡觉。第二件事情是，除非有特殊情况，我们晚上9点停止使用电脑和手机。可以看电视。我们晚上要把所有的手机和笔记本电脑放在厨房充电。到新年时，我们会回顾这个计划，看看事情进行得如何。我们认为这个安排将帮助每个人对彼此更宽容些。

准备你自己的PASTA谈话

接下来的几页是一个空白工作表，你可以用它来准备你的

PASTA谈话。准备要说的话是这个流程中很重要的一部分。

那么，接下来该做什么？

到目前为止，我们已经探讨了一些方法来识别、分类和处理我们的孩子的问题行为，并改变那些"大问题"。PASTA谈话法给我们提供了一种处理那些无法通过其他方式解决的问题行为的方法。在下一章，我们将稍微转变一下重点，看看我们如何鼓励我们希望看到的行为——通过与孩子们建立亲情心理联结、教给他们如何掌握新技能和保持你希望更常看到的行为的方法。

布鲁姆夫妇与汤姆的艰难谈话结束之后

如今，布鲁姆一家有了晚上睡觉前放松的习惯。每天晚上，所有的手机和笔记本电脑都会被放在厨房里充电。起初，汤姆对每天晚上交出手机感到不满和失望，但他的睡眠改善了，而且也不会再被手机半夜里来的信息打扰。相反，既然清楚了手机和笔记本电脑夜里在厨房充电，汤姆的行为明显改善了。他挑衅杰西卡的次数少了，整体上也不再那么暴躁。查理和赛琳娜明白这个问题不会自己消失。进行PASTA谈话帮助他们解决了汤姆的问题行为，而没有诉诸惩罚或者强迫。

PASTA谈话工作表

准备（P）

简单来说，问题是什么？请从内容、模式和如何影响人际关系三个方面来描述。如果需要的话，可以参考布鲁姆夫妇的工作表。

内容：用客观、实事求是的话语描述发生了什么？

_____

_____

模式：它是如何重复出现的？

_____

_____

人际关系：它怎样影响了那些与你孩子亲近的人？

_____

_____

你的底线是什么？如果你无法与你的孩子协商，后果是什么？

_____

_____

你可以做出哪些妥协？

_____

_____

如果你的孩子不遵守你们达成的协议，后果是什么？

·取消权利？

·强行限制（比如一周不准上网）？

预约（A）：预约一次谈话

在你或者你的孩子要去某个地方的时候做这件事。

对话将于____（日期）____（时间）在____(地点)进行。

写下你打算说的话：

_____

_____

_____

_____

_____

_____

_____

_____

_____

_____

陈述（S）：说一些肯定的话语（1）

在最初的接触中要友善。

写下你打算说的话：

_____

_____

_____

_____

_____

_____

_____

_____

_____

_____

_____

_____

陈述（S）：说出问题是什么（2）

要清晰、客观、尊重事实，不要使用情绪化语言。

写下你打算说的话：

_____

_____

_____

_____

_____

_____

_____

_____

陈述（S）：说出你希望达成的目标（3）

清晰地描述你想从孩子那里得到什么。

写下你打算说的话：

_____

_____

_____

_____

_____

_____

_____

驯服老虎（T）：缓解情绪

要记住说到了哪里，暂停一下……然后思考他们可能正在经历什么，要求他们集中注意力或者说出你看到了什么。

写下你打算说的话：

_____

_____

_____

_____

_____

_____

_____

达成共识（A）：达成共识

告诉他们你认为你们已经达成的共识。

写下你打算说的话：

_____

_____

_____

_____

_____

_____

_____

小 结

· 有些关于你的孩子的问题需要你们坐下来，并且通过谈话来面对他们的行为。这些问题可能已经被你忽视了一段时间，但现在已经形成了你希望改变的模式。

· PASTA谈话是一种与孩子（10岁及以上）就一些"重大"问题行为进行一场艰难谈话的方法。

· PASTA谈话是由准备（Prepare）、约定（Appointment）、陈述（Say）、驯服老虎（Tame the Tiger）和达成共识（Agree）组成的。

· PASTA谈话假设你的孩子可能会生气或者反抗，并且提供了一套保持冷静、专注和不偏离主题的方法。

· 刚开始时，要想用好PASTA谈话法，做好准备很重要。可以使用CPR（内容、模式和人际关系）来理清这个问题，思考你的孩子可能的反应，写下你打算说的话（使用准备工作表）。如果有可能，可以找个朋友事先练习一下。

第 *11* 章

增进亲情心理联结、教授技能并给予鼓励

在本书的前几章，我们费了一番力气辨识出了那些我们在孩子身上看到的"值得鼓励的行为"。我们列了一个包含我们希望教孩子、向孩子展示并鼓励孩子做的行为清单。还记得第4章中布鲁姆一家的行为分类清单吗？

· 周六打扫房间
· 每天晚上刷牙
· 放学后把书包带回自己的房间
· 玩完玩具后清理干净
· 穿好衣服去上学
· 把脏衣服送到洗衣房

我经常查看父母们的"值得鼓励的行为"清单，发现同一种类型的行为不断出现——那就是，需要教的行为。为了培养孩子完成这些任务的能力，我们必须主动地向他们展示如何完成它们。这些行为需要给孩子"组合起来"——从最简单的任务一直到能够从头到尾胜任整个任务。教这些技能包括：

· 把任务分解成小步骤

· 帮助孩子将行为的各个部分串联起来

· 保持孩子坚持使用该技能的兴趣

当我们教孩子我们希望看到他们使用的技能时，我们不能只是对他们的行为给予奖励，我们还要帮助他们把行为的各个部分串联起来，并且保持他们未来继续使用该技能的积极性。

教孩子"值得鼓励的行为"

有三个步骤可以教给我们的孩子那些我们希望多多看到的行为：

1. 给孩子们示范我们希望他们做的行为。

2. 把该行为分解为几部分，以便我们能一部分一部分地教，并且将它们串联起来。

3. 帮助他们将行为的各个部分串联在一起，从而从整体上掌握这个行为。

在澳大利亚的幼儿园，新学年开始时，幼儿园老师会向孩子们展示如何打开他们的书包、把里面的物品拿出来并且储存自己的物品。一开始，老师会使用一系列容易记忆的步骤、按照特定的顺序向孩子们展示他们希望孩子们做的事情：打开他们的书包，把他们的午餐盒放在某个特定的地方，等等。老师会逐步讲解她期望孩子们完成的任务。

在接下来的每一天，幼儿园的孩子们都会进行他们的"到校"日常惯例——他们每天都做同样的事情，所有孩子都做。

很快，他们就能学会期待他们完成的事情。他们学会所有这些小任务，并按照顺序将它们组合在一起，完成任务啦！孩子们每天都会在没有奖励和表扬的情况下完成这个任务。他们因为能够完成这个任务而感觉良好。按照日常惯例做事让他们有安全感，而且他们和小伙伴们一起做。他们之所以执行这个日常惯例，是因为在幼儿园"我们就是这样做的"。

当你教孩子们你希望他们多多完成的任务时，你需要记住两件事：首先，让任务变得对孩子们来说容易完成很重要；其次，你需要保持他们的积极性，以便他们将来能继续完成这些任务，并从中获得满足感。

例如，我们显然不能指望3岁的孩子独立刷牙，所以，大多数时候我们会为他们刷牙。但是，当我们让他们养成了刷牙的日常惯例，我们可能也会让他们做刷牙这一任务的某些部分。比如，让他们在某个时间将牙膏挤到牙刷上就很明智。然后，随着他们越来越擅长这样做，我们可以添加他们能够完成的该任务的其他部分，例如，让他们上下刷前牙，然后让他们确保刷干净口中所有的牙齿。

因为我们的自尊在很大程度上与把事情做好有关，所以我们要更好地教孩子如何胜任某项任务。

表扬和奖励

专家们——他们的工作是研究我们如何积极地影响他人的行为——对于如何鼓励人们的行为有很多建议。他们倾向于认同的观点是，鼓励人们继续执行一项任务的最佳方式是帮助他们胜任这项任务（这样他们会因为能够把事情做好而感觉良好）并保持这种行为（通过获得团体中其他人的支持）。这就是我们如何鼓励我们的孩子们做值得鼓励的行为的方法。不是每件事都需要与奖励挂钩，也不是每件事都必须有趣。这就是生活，而且可以通过让任务变得简单以及通过让它成为我们共同价值观的一部分来维持。

所以，对于表扬，我的看法是：我认为我们过于频繁地把表扬作为一种手段，来鼓励孩子照我们期待的方式行事，而我们原本可以更有效地使用表扬。我们应该将表扬或者奖励作为教孩子们技能的辅助手段，而不是主要策略。外部给予的表扬和奖励并不能教会孩子们胜任一项任务的能力，也不一定能给他们带来完成工作时的自我满足感。正是通过教和向我们的孩子们展示如何完成我们想看到的任务，他们才能获得胜任该任务的能力。不过，表扬和奖励确实有一定作用——当谨慎使用时——可以鼓励孩子们继续练习这些技能并最终掌握它们。但是，如果我们一直使用表扬和奖励，它们将失去作为激励因素的力量。

我知道，以积极的方式对待我们的孩子对我们来说很重要，但我也相信表扬和奖励在一些养育书籍里被滥用了。正如我在无数养育书里看到的那样，仅仅按照5:1的比例来表扬和批评的做法太过简单化了。当然，我们的确应该尽量减少对孩子行为的负面评论——我赞同。但是，我们还应该为了在最大程度上影响孩子的行为而使用表扬和鼓励，而不只是应用一个比例。当我们过度使用来自外部的表扬和奖励，有时候会削弱发自内心希望实现的目标——做好一件工作所带来的自我满足感。我们主要关注的应该是自内而外的收益，而不仅仅是因为孩子们期望得到某种奖励而获得他们的合作。

那么，如果随时使用表扬，表扬就毫无意义。如果你要使用表扬，最好考虑什么时候以及如何表扬才能产生最大的影响。你可以有策略地使用表扬来促进你希望更多看到的"重要"行为，并且可以有选择地使用表扬来取得更好的结果。你知道老虎机为什么会让人上瘾吗？因为它们偶尔会给玩家奖励。就是这样。想要获胜的人并不是每次都能得到奖励，只是偶尔得到。我不想劝你不要使用奖励和表扬。相反，我希望你注意的是如何使用它们。

实质上，我希望你重点关注这一认知——把一件工作做好本身就是一种回报。我们感觉良好不仅因为有人告诉我们做得好，而且因为我们相信我们能够完成任务，因为我们是一个做同样事情的团队的一部分。如果我们的孩子知道他们所做的很多事情都是"我们在这里做的事情"（和不做的事情）的一部分，他们会感到有必要成为这个群体的一部分，并且采取相应的行动。

如果我们的孩子能够自己完成任务和掌握技能，并且感觉他们是一个群体的一部分，这两个因素比过度表扬更能持久地支持他们的努力。大量证据表明，恰到好处的表扬会帮助我们的孩子更多地做我们希望他们做的事情，但表扬应该是下策——上策是学会如何做某件事并且对自己能够做到而感觉良好，中策是感受到来自他们所属团队或部落（家庭）的支持。如果在做事的过程中，我们的孩子从心底里感受到回报（感觉良好）并且从他们依恋的人们那里得到了确认，他们将更有可能维持这一行为。

我们可以用表扬激励孩子成长

一旦孩子们学会了如何做某件事的基本方法，重要的是要帮助他们保持动力并练习它们，直到这些行为变成他们的第二天性。孩子们需要一些支持来激励他们掌握某个新技能的欲望。这就是恰到好处的表扬和奖励发挥作用的地方。下面是一些提示：

- 一起以团队的方式做你想要孩子做的事情：一起清洁、一起烹饪，甚至一起刷牙！
- 当你使用表扬时，要确保它与你希望看到的一个行为改善有关系。不要说："你真是个好孩子。"而要说："我注意到你在收拾厨房时把一些饭菜残渣放进了堆肥桶里。我喜欢你最近把整件事情做完的方式。"
- 尽量注意事情完成的过程，以及在此过程中付出的努力，而不仅仅关注最终得到的结果。不要说："你画得太棒了！你是一个了不起的艺术家！"而要说："我看得出来你真的很努力画这幅画，我非常高兴你这么做！"
- 努力将你要求孩子做的事情变成一个有趣的游戏："我要设一个15分钟的倒计时。我觉得我们可以在这段时间内洗完碗、穿好衣服并走到车跟前，你觉得怎么样？"
- 注意到你的孩子们做的事情："这个星期都不用我说，你就把餐盘拿到洗碗池里。我觉得这值得小小地庆祝一下。明晚我们出去吃冰激凌吧。"父母做的那些"让不被注意的事情变得引人注目"的努力通常都被忽略了，但当我们看到孩子做的这件事，将其说出来是非常重要的。
- 注意你的孩子们在玩协作游戏时的表现："我喜欢你们俩轮流玩的做法。"
- 发消息给你的孩子，告诉他们做得有多棒！
- 在一张便笺纸上写下你对孩子所做的某件事的欣赏之情，然后放在他们的午餐盒或枕头上。
- 在朋友面前夸你的孩子做得好的事情："你知道吗，我为马迪定时喂我们的狗感到非常骄傲。他每晚都按时完成。"

- 大一些的孩子喜欢被给予一些时间来完成任务，尤其是当他们正在玩游戏或者看他们最喜欢的电视节目时。比如："汤姆，《邻居》演完后你可以去倒垃圾吗？"或者"马迪，我需要你在洗澡前把洗碗机里的餐具拿出来。谢谢你，伙计。"
- 如果孩子们已经有零花钱，你可以告诉他们，如果他们不完成自己的任务，你可以替他们做，但你每做一次就会从他们的零花钱里扣一部分。

和你的孩子建立亲情心理联结

在我们生活的每一个情形中，都有期待。我们在工作场所、社区和家里对彼此存在期待。当我们一起生活和工作时，我们被关于行为恰当或者不恰当的规范——通常是无形的——约束着。我们想做的事情与对我们的家庭有益的事情之间经常存在紧张关系，但让我们直说了吧——无论我们喜欢与否，我们都受到我们生活和工作中的人的影响。

虽然我们希望我们的孩子们对自己做的事情和取得的成就感到骄傲，但我们也应该鼓励他们合作，并且努力坚守我们的家庭价值观。这些价值观包括将个人的意愿推后，并互相同情对方——不一定是为了得到回报，而是因为这是成为一个家庭的一分子的意义所在。期待一些行为发生是完全合理的，因为事情就是那样的。在一些情况下，表达喜悦或者因为孩子做得好而奖励孩子是很重要的，但我们还有其他方法来教我们的孩子珍视他人和与他人相处。

当你想激励孩子们继续做某些特定的事情或者表现出特定的行为时，如果他们觉得与你建立起了连接，他们更有可能愿意这样做。孩子与父母之间的这种依恋存在于大多数孩子身上，因为他们与父母一起生活并依赖父母。在我看来，孩子们越强烈地感受到自己是一个做同样事情的团体的一部分，他们就会越有动力做需要做的事情。

如果我们希望我们的孩子们积极地适应我们对他们的要求，维持与他们的良好关系就非常重要。说到底，与温柔而坚定的父母们建立关系，将对一个孩子的幸福以及孩子对我们对其行为的鼓励做出何种回应产生最大影响。

在第4章中，识别"烦人但不严重的行为"的很重要的一个方面，是有意识地确定你将要忽略的行为。通过有意识地忽略某些行为，你将保护你与你的孩子们之间的关系并且维持你们之间的依恋，而不会有侵蚀你们之间关系的潜在危险。

下面是维持和加强你与你的孩子们之间的依恋的一些方法：

1.离开家和回来时，要表达对孩子的依恋。

—当他们或者你要离开时，告诉他们你爱他们。

—当他们要离开时，说再见并给他们一个拥抱或亲吻。

—回来时，要说："见到你真好！"

—早餐后，问他们："你今天有什么计划？"

2.经常对他们所说和所做事情表达兴趣，即使听起来有点疯狂。

—尽可能保持好奇心，不要评判。

—要求他们告诉你他们一天中最好的事情和进展不顺利的事情。

—和他们聊聊他们的特别兴趣。

—如果他们表达了看起来很奇怪或者不真实的观点，考虑你是否能接受它们。

—一般来说，打击你的孩子们的"希望"不是一个好主意。

3.让他们向你表明他们认为自己能胜任一项任务中的哪部分。

—"我想知道你能不能让我看看你是如何刷牙的？"

—"你昨天把你的包拿进了卧室——你可以让我看看你把它放在哪里了吗？"

—"你烤了一个漂亮的蛋糕；我认为它看上去就像照片上的那个。"

4.在他们快乐或悲伤的时刻与他们一起分享。

—"我能看出来你对于把你的房间整理得这么整洁感到高兴。"

—"看到你对取得如此好的成绩感到如此开心，我感到高兴。"

—"你看上去在为你的小鸟死亡感到难过，我也感到难过。"

5.充分利用身边的环境。

—在餐桌上吃饭——不要在客厅里各吃各的。这可能是你们一天中唯一聚在一起的时间，因此要让餐桌成为实现这一点的工具。吃饭时不要使用屏幕设备（手机、电视等）。

—一起准备饭菜。

—一起购物——也包括爸爸。这有助于建立亲情心理联结。

6.给孩子们（7岁以上）零用钱——金钱可以建立一种关系。

—因为孩子们是你的家庭成员而给他们一些钱——无论他们做了什么都能得到。

—确保一些钱与完成工作挂钩——倒垃圾或者打扫卫生。有时候，将这些额外的零花钱以零钱的形式放在一个罐子里，另外再放一个专门放你替他们工作而得到的钱的罐子，这样很有效，因为他们能看到他们的零花钱越来越少，而你的罐子里的钱越来越多。

7.计划一些全家人一起度过的欢乐时光。

－购买一本日历，让每个人轮流挑选每月一个星期天的家庭
　活动。

－当你和你的孩子们在一起时，要按照他们的方式来。参与他
　们的体育活动，可以当教练或团队经理，或只是洗洗衣服。

－举办电影之夜、家庭野餐。

－建立一个日常惯例，例如，每周五晚上吃比萨——也许在
　电视机前。

依恋的重要性随着孩子年龄的增长而增加

在史蒂芬·柯维的《高效能人士的七个习惯》一书中，他
谈到了与家人一起度过欢乐时光的重要性，他称之为在情感银
行中"存款"。他说，当我们试图影响我们孩子们的行为时，
如果需要，我们可以从这个"存款"中取出一部分。这在他们
进入青春期时尤为重要，那时候我们更加依赖与我们的孩子们
建立的良好关系。

未来

随着孩子们的成长，你试图影响他们的努力将越来越依赖以下几点：

- 你和他们的关系
- 你们共同度过的欢乐时光
- 你对他们以及他们的目标表现出的尊重

最后，我认为，与其过多地使用奖励或者特别款待，不如花更多时间做一些能够与孩子建立亲情心理联结和改善彼此关系的事情。花时间一起做一些好玩的事情对于维持你们的关系非常重要，并且将随着他们进入青春期而变得更重要。

小 结

- 我们通常希望在我们孩子们身上看到的行为往往是那些需要教的行为。
- 教这些行为包括将其分解成小步骤，并帮助孩子们将行为的各个部分串联起来。
- 当我们教孩子们那些我们想看到的行为，我们需要让它们变得简单并且保持孩子们的积极性，以便他们继续做这些任务。
- 我们不应该过度使用外在的表扬和奖励来让我们的孩子们做某些特定的任务。我们的目标是鼓励孩子们发自内

心地感到满足——因为完成了一项工作，因为做了我们
需要做的事情。

· 谨慎使用的表扬能够用来激励孩子们想要练习和提高他
们的新技能，但不应该用在首次教这些技能的时候。

· 如果孩子的行为发生在他们与你以及"部落"／家庭的
关系背景中，他们更有可能愿意继续做你希望他们做的
事情。父母和孩子之间的依恋关系是核心。

· 如果孩子们能够看到为自己做某件事的价值，并且觉得
他们是一个团体的一分子，这两个因素将比过度表扬他
们更能激励他们的努力。

第12章

总结与展望未来

在整本书中，我一直在鼓励的观念是，我们应该对如何养育孩子有所选择。我们可以做出选择。我们可以留心我们在不同的养育时刻做了什么，并在这样做的过程中帮助我们的孩子成熟起来。我们可以通过了解我们孩子的大脑是如何发育的并牢记一套良好的策略，来帮助我们的孩子们练习使用他们大脑里的"刹车"，并最终调节他们的行为，这样我们就不必干预那么多。这就是我们的目标。

到现在为止，你可能已经看到本书中的基本方法是，使用一些由外而内的手段来鼓励孩子们由内而外的能力（控制他们自己的行为）。我相信，还有更多选择可以帮助孩子们变得健康和快乐，而本书并不打算涵盖所有的养育可能性。相反，我的目的是给你一个简单的模型来处理孩子们的问题行为。根据我的经验，这也是大多数父母寻求帮助的原因。

在关于如何处理孩子的行为的庞大、混乱并日渐拥挤的观点海洋里，我试图扔给你一根救生索，并让你看到一些处理问题行为的选择，将你可以采用的选择数量降到最低。如果你能够学习几个简单的策略并且理解它们是如何运作的，你将掌握一个基本的工具包来帮助你摆脱麻烦。

当然，你可能希望了解更多的养育技能，有一些非常好的书和资源可供你做更多的研究。我在本书的后面列出了我喜欢的一些书和资源，并列出了一些提供很棒建议的网站。本书的最后部分还包括一些其他资源——一份自测题，一些有关处理睡眠问题的观点以及处理孩子与科技产品关系的建议。

帮助孩子学会由内而外的自我调节

我们知道，有证据证明，孩子们能够学会控制自己的冲动。我们知道，孩子们并非生来就能很好地理解他们在社会交往中的行为举止。他们没有成年人那么擅长平衡情绪或者在沮丧时组织自己的反应方式，但随着他们成长，他们会变得越来越熟练，而我们可以做很多事情来帮助他们提高这些能力。

我们知道，让我们的感受"挂在脸上"并不总是合适的，而且有些情况下，孩子们需要我们为他们解读这个社交世界，尤其是涉及伤害他人或者行为粗鲁时。而且，尽管我们需要宽容，但有一些限制是每个人——包括我们的孩子——都必须习惯的。如果他们在成长的过程中相信每当有人挑衅他们或者感到沮丧就可以"失去控制"，他们就可能无法在学校里表现良好、保住工作或者维持长期的人际关系。

我们可以通过保持平静、控制我们自己以及平和地处理孩子们的问题行为，来帮助他们培养这一自我调节能力。我们在本书中讨论的所有策略都是非暴力方式的，为的是帮助我们的孩子们实现自我控制。练习这些技能——并且知道他们可以控制自己的冲动——将使他们在其他需要发挥理性思维能力的时候受益匪浅，比如当他们感到沮丧或者焦虑时。练习，将让他们的大脑形成能让他们在过度反应之前犹豫一下的神经通路。这无疑是一件好事。

少说，多听，是实现改变的一个过渡计划

我希望本书已经帮助你为你的家庭制订了一个计划，来改变家里的那些毫无帮助的模式。我们已经审视了我们可以如何改变处理孩子问题行为的方式，设法弄清楚了我们可能如何有意或者无意地促成当前的状况，而且还思考了在帮助我们的孩子们实现自我调节的过程中控制我们自己的方法。

能够清晰地看到我们家里可能导致孩子们的问题行为的模式是非常重要的一步。诸如将行为分成"烦人但不严重的行为""值得鼓励的行为""无法接受的行为"以及"大问题"之类的技巧，可以帮助我们清晰地看到这些模式，因为我们可以识别出我们的孩子们做了什么并决定我们需要为此做些什么。为什么要在无关紧要的事情争吵呢？为什么不把精力放在解决那些我们真正希望孩子们停止的严重行为上呢？

正如我们看到的，有一些方法——一些既容易实现又简单易记的方法——可以在最大程度上减少争吵，阻止不良行为升级，并且在最大程度上让孩子们合作。这些方法都从我们对我们孩子的行为做出明智选择开始。我们可以忽略某种行为、阻止它（通过数"1，2，3"），或者运用情绪辅导（如果它还没升级为"大问题"）。如果一种行为是一个长期存在的模式的一部分，而且我们的孩子已经超过10岁，我们就可以通过PASTA谈话来解决。而且，如果它是一种"值得鼓励的行

为"，我们可以通过将其分解成小步骤来教孩子重复它，并且通过鼓励他们来练习保持它。

本书中所有的建议和策略都有同一个目标：给孩子树立自我控制的榜样并且帮助孩子们培养自我调节能力。这是你的使命：改变破坏性模式，增进你的孩子们的幸福，并且照顾好整个家庭的健康。而且，你可以做到。

第 5 篇

额外资源

测测你学会了多少

"三个选择"模型（见第6-9章）是在紧急情况下处理问题行为的一种方法。它为你提供了根据所观察到的行为可以选择的三个快速选项：

- 如果该行为"烦人但不严重"，你可以忽略它。
- 如果该行为是"大问题"，或者是你希望你的孩子们停止的行为，你可以发信号（数"1，2，3"）。
- 如果该行为是一种情绪反应而且尚未升级，你可以使用情绪辅导来帮助你的孩子更好地理解他们的感受并控制他们自己的行为。

我非常希望你尝试你的一系列管理孩子行为的新选择。在大多数我主持的育儿小组，我都这样做。让我们看看你能否自我测试一下。

如何决定做什么

- 它是一种"烦人但不严重"的行为吗？忽略它。
- 它是一个"大问题"吗？数"1，2，3"。
- 它是一种尚未升级的问题行为吗？情绪辅导。

当……时，该做什么

1.杰西卡，5岁，因为对哥哥感到恼怒，撞倒了哥哥搭的积木。哥哥还没有看到她这样做，但你明显看到了杰西卡的行为。你怎么做？

□忽略它？　　□数"1，2，3"？　　□情绪辅导？

2.马迪，7岁，放学回家后抱怨他的老师福斯比太太。据马迪说，当班里的几个孩子又一次捣乱时，福斯比太太在午饭时间让全班同学留堂。他非常恼火、气愤，觉得受到了不公平对待。你怎么做？

□忽略它？　　□数"1，2，3"？　　□情绪辅导？

3.汤姆，12岁，想去朋友家过夜，他"所有的"朋友都会去。你告诉他，一旦你跟主办这次过夜活动的孩子的父母打过电话，你会做出最后决定。汤姆想立即得到答复，并且不断地纠缠你。你怎么做？

□忽略它？　　□数"1，2，3"？　　□情绪辅导？

4.汤姆，12岁，因为弟弟未经许可使用了他的MP3播放器而与弟弟发生冲突。他们冲着对方大喊大叫，最后汤姆打了弟弟。你怎么做？

□忽略它？　　□数"1，2，3"？　　□情绪辅导？

5.马迪，7岁，对他的爸爸感到生气。他的爸爸答应要带他和他的朋友一起去海洋世界，但现在由于有一件重要的事情而去不成了。马迪的爸爸通常都很可靠，所以马迪感到非常失望。他不停地抱怨，但还没有发展到说难听话的地步。你怎么做？

□忽略它？　　□数"1，2，3"？　　□情绪辅导？

答案：杰西卡：数"1，2，3"，这是一个"关闭键"。

马迪：情绪辅导，这不是一个"关闭键"

汤姆：数"1，2，3"，这是一个"关闭键"

汤姆：数"1，2，3"，再接着3

马迪：情绪辅导。

孩子与科技产品

当我们与父母们谈到家里的科技产品时，我把互联网称为"一个受邀而来的客人，而不是默认的居民"。这实际上意味着我们可能无法控制网络上发生的事情，但我们可以控制在我们家里发生的事情——而且我们应该加以控制，因为这对保护孩子的心理和身体健康有着重要的影响。我们越来越多地发现，如果我们不采取措施来管理他们的"屏幕时间"——他们使用手机、上网（包括社交媒体）以及使用科技产品的方式，我们孩子的福祉就会受到影响。

尽管互联网不应该被视为洪水猛兽——它有很多神奇的功能，比如教育、交流、娱乐以及在线社群——但是，如果我们不关注他们是如何使用互联网的，它的使用也可能对他们的福祉产生不利影响。在我看来，对孩子们的福祉影响最大的几个方面有：

· 缺少睡眠和休息时间来帮助他们的大脑恢复
· 孩子们相互之间的关系去人格化
· 孩子们和年轻人无意间在互联网上留下的数字足迹可能会影响他们的未来

夜里使用电子设备会扰乱孩子的睡眠

我们所有人都需要一定的睡眠时间才能正常生活。孩子们需要按时上床睡觉，并养成有助于他们获得充分休息的"睡前"惯例，否则他们将危害自己的健康成长以及在学校的学习能力。

例如，十几岁的孩子每晚平均需要8.5小时睡眠。这意味着如果他们早上7：00起床准备上学，大多数晚上他们需要在10：30上床睡觉。研究表明，我们需要远离屏幕（电视除外，它发出的光线不一样）一个小时的时间，以使我们体内的褪黑素（褪黑素是一种在我们的睡眠–清醒周期中起关键作用的激素）达到合适的水平来让我们入睡。这意味着，十几岁的孩子应该在晚上9：30就远离屏幕设备——手机、电脑、ipad等。在我们国家，你认为这种情况经常发生吗？根据一些专家的说法，情况并不乐观，他们称大多数十几岁的孩子晚上睡眠时间不足7个小时，众所周知，这会导致孩子们烦躁易怒、脾气暴躁和头脑不清晰，从而影响他们的学习。

因此，如果我要给出一个干预你的孩子的屏幕时间的主要理由，那就是确保他们获得充足的睡眠时间。如果你想了解更多关于这个话题的信息，网络上有很多资源可供查询。搜索"睡眠卫生（sleep hygiene）"可以找到更多相关信息。

网络环境让社交去人格化

近年来，关于那些通过互联网"捕猎"儿童的人造成的重大威胁以及我们需要怎么做才能保护我们的孩子免受他们的伤害已经引起了广泛关注。尽管确实存在这个问题，但我将与你分享两个想法：首先，大多数年轻人在面对那些试图引诱他们进入不好的场景的奇怪的人时都相当精明。其次，对于儿童和年轻人的主要威胁不是来自网络捕食者，而是年轻人之间对待彼此的方式。欺凌和破坏性的人际关系是比网络捕食者严重得多的问题。

解决这个问题有三种方法：

1. 确保你的孩子知道如何保护自己免受网络欺凌的侵害。让他们知道他们可以把让他们感到不舒服的信息给你看，并且要教给他们知道用同样的侮辱方式反击并非明智之举。

2. 尽量不要过度反应。有些孩子害怕如果他们说有一个问题，父母会取消他们的互联网使用权限或者禁止他们上网。要告诉他们，他们不会被禁止上网，而且你们可以一起解决这个问题。

3. 帮助孩子制定几条在网络上发布信息的原则——"如果你不会对你的奶奶说这样的话，那也不要在网上说。""睡一晚上再决定——看看第二天早上你是否还有同样的感觉。"这将帮助他们在发信息之前先想想，避免发出自己可能会后悔的信息。

留下的数字足迹会影响我们的声誉

许多孩子不考虑自己行为的后果，并不是因为他们鲁莽，而是因为控制他们长远预测能力的部位仍在发育中。而这意味着他们可能会在网络上发布一些事后会后悔的东西。

现如今，越来越多的雇主和机构在选择雇用员工之前会先查看候选人的社交网络主页和网络踪迹。尽管我们中的许多人可能永远无法完全理解为什么许多年轻人愿意在网络上公布自己的生活而不是珍视他们的隐私，但我依然相信我们可以通过在他们使用的社交媒体和其他社交网络工具上设置适当的隐私设置，来帮助他们保护自己。我们还可以安装基本的网络过滤器，来防止孩子浏览不适宜的网站。这些网站可能会扭曲他们对人际关系的看法（例如，暴力和色情网站），并鼓励他们自我毁灭（例如，厌食和自杀的网站）。现在免费的过滤器有很多，下载和安装起来也很容易。

关于科技产品的重要信息是，当孩子和我们一起生活，要尽可能长时间地保护他们。这意味着保持警觉——不是焦虑地保护他们，但要足以帮助他们过上平衡的生活。在这种生活里，互联网对他们有益，而且使用互联网只是他们的一项活动。在我看来，每天上网超过3个小时就可能太多了，但这是一个个人偏好。实际上，我们还不知道每天上网2小时以上会对孩子的成长产生什么影响，但是，我们确实知道的是，他们对互联网（包括手机）的使用，不应该以牺牲他们正常睡眠、在学校的学业、享受与朋友与家人面对面的交流以及过上平衡健康的生活为代价。

资源与延伸阅读

书籍

Allen, D. (2001). *How to get things done: The art of stress-free productivity.* Ringwood, Vic.: Penguin Books.

Colvin, G. (2008). *Talent is overrated: What really separates world-class performers from everybody else.* London: Nicholas Brealey.

Covey, S. (1989). *The 7 habits of highly effective people.* New York: Simon & Schuster.

Doidge, N. (2008). *The brain that changes itself: Stories of personal triumph from the frontiers of brain science.* Melbourne: Scribe.

Faber, A. & Mazlish, E. (2001). *How to talk so kids will listen & listen so kids will talk.* London: Piccadilly Press.

Goleman, D. (1996). *Emotional intelligence: Why it can matter more than IQ.* London: Bloomsbury.

Gottman, J. (1998). *Raising an emotionally intelligent child:*

The heart of parenting. New York: Simon & Schuster.

Heininger, J. & Weiss, S. (2001). *From chaos to calm: Effective parenting of challenging children with ADHD and other behavioral problems.* New York: Perigee Books.

Latta, N. (2010). *Politically incorrect parenting: Before your kids drive you crazy.* Auckland: HarperCollins.

Patterson, K., Grenny, J., McMillan, R. & Switzler, A. (2008). *Crucial confrontations: Tools for resolving broken promises, violated expectations, and bad behavior.* New York: McGraw-Hill.

Patterson, K., Grenny, J., McMillan, R. & Switzler, A. (2005). *Crucial conversations: Tools for talking when stakes are high.* New York: McGraw-Hill.

Patterson, K., Grenny, J., Maxfield, D., McMillan, R. & Switzler, A. (2007). *Influencer: The power to change anything.* New York: McGraw-Hill.

Peck, M. Scott (1978). *The road less travelled: A new psychology of love, traditional values and spiritual growth.* New York: Simon & Schuster.

Phelan, T. (2010). *1-2-3 Magic: Effective discipline for children 2–12.* 4th ed. Chicago: ParentMagic Inc.

Pickhardt, C. (2003). *The everything parent's guide to positive discipline: Professional advice for raising a well-behaved child.* Cincinnati/New York: F+W Media.

Roeder, M. (2010). *The big mo: Why momentum now rules our world.* Sydney: ABC Books.

Shore, R. (1997). *Rethinking the brain: New insights into early development.* New York: Families and Work Institute.

Siegel, D. (2009). *Mindsight: change your brain and your life.* Melbourne: Scribe.

Siegel, D. & Hartzell, M. (2004). *Parenting from the inside out: How deeper self-understanding can help you raise children who thrive.* New York: Tarcher/Penguin.

网站

澳大利亚睡眠教育中心（The Australia Centre for Education in Sleep）

《别着急吃你的棉花糖》（Don't eat the marshmallow yet），乔基姆·德·波萨博士（Joachim Posada）（www.ted.com/speakers/joachim_de_posada）

精神安宁网站（www.mentalstillness.org）

养育类书籍和光盘（www.parentshop.com.au）

养育孩子网（www.raisingchildren.net.au）

睡眠健康基金会（www.sleephealthfoundation.org.au）

致 谢

　　我要把本书献给我依然健在并且很健康的母亲安妮（Anne）和我已经过世的父亲理查德（Richard）。感谢他们给予我和我的三个兄弟[保罗（Paul）、克里斯（Chris）和大卫（David）]的温暖和爱。我的父母给我们提供了温暖而充满爱的家庭生活。小时候，我们的家是让我们几个男孩茁壮成长并且有信心面对生活挑战的地方。

　　我要把本书献给我的妻子西蒙娜（Simone）以及两个可爱的孩子多姆（Dom）和伊莎贝拉（Isabelle）。感谢你们在过去我写书的两年里耐心地替我分担繁忙的事物。尤其是西蒙娜，除了支持我写这本书，你在很多方面都是我的强有力的支柱。

　　我要把本书献给我在父母工作坊（Parentshop）的同事维基（Vicki）和阿斯特拉（Astra），谢谢你们。献给我的顾问简·吉布森（June Gibson）、安吉拉·詹姆斯（Angela James）妮姬·沃尔顿（Nicky Wallington）维姆·德怀尔德（Wim DeVylder）以及鲍勃·格林（Bob Green）。感谢你们的鼓励。你们所有人都让我专心地创造一些可以改变家庭生活的东西。献给我的同事安妮特·弗拉纳根（Annette Flanagan）、朱尔斯·奥博（Jules Ober）、珍妮·冈德森（Jenny Gunderson）、布拉德·威廉姆斯（Brad Williams）、詹姆斯·布朗（James

Brown）、布雷德·德林沃克（Brett Drinkwater）、米歇尔和瑞贝卡·林思-凯丽（Michael and Rebecca Lines-Kelly）、杰基·绍特（Jacki Short）、史蒂芬·卢比（Stephen Luby）、特里·赖德乐（Terry Laidler）、格雷格·莱格-拜格（Greg Legg-Bag）、彼得·乔恩（Peter Chown）以及汤姆·费兰（Tom Phelan）。你们以各种或明或暗的方式给予了我时间和支持。

我还要感谢到目前为止我们培训过的数以千计的专业家庭服务人员所做的贡献，你们日复一日地与父母们打交道，从很多方面来说，你们是家庭生活里的无名英雄，你们的故事让本书增色不少。对于那些与自己家人的关系不那么亲近的父母来说，你们就是"代理父母"。

我要献给我的编辑——艾玛·德利沃（Emma Driver）（一丝不苟、直觉敏锐而且精明干练——我不是第一个这么说的）、简·科里（Jane Curry）和萨拉·普兰特（Sarah Plant），还有我的插画师马丁·查特顿（Martin Chatterton）（一位有趣的当代绘画艺术家）。我要说声谢谢。

《养育自信、独立、喜欢自己的女孩》

如何在一个苛求女性的世界里养育你的女儿
让你的女儿具备健康成长和应对这个苛求女性的世界
所需要的七大品质

[澳] 凯茜·爱德华兹
克里斯托弗·斯坎伦 著
美同 译
北京联合出版公司
定价：45.00 元

这个世界对女性并不友好。女性被以各种看得见或者看不见的方式影响、规训着：你要瘦，你要美，你要做个好女孩，你要……这让她们害怕犯错、害怕出丑、害怕被别人指摘，热衷于与其他女孩比较……最终让女孩陷入了焦虑不安和自我嫌恶的泥沼。

唯有让女孩变得独立、自信，并且喜欢自己，才能让她们摆脱这一切，过上安稳、自立而精神富足的生活。而且，这样的改变发生得越早越好。

本书详细介绍了能让女孩健康成长和应对这个过分苛求女性的世界的七大品质，以及经过验证的实用建议，是养育阳光自信女孩的有效指南。

《孩子的心理急救》

及时解决孩子的焦虑、恐惧和担忧等问题
避免造成长期而严重的后果

[英] 艾丽西亚·伊顿 著
美同 译
北京联合出版公司
定价：39.00 元

孩子可能会因为各种原因而遭受焦虑、恐惧、不安等心理困扰，他们可能害怕考试、拒绝上学、担心被霸凌、怕看病、怕打针、怕蛇、怕蜘蛛、怕坐飞机……甚至焦虑到睡不着觉！

这些问题如果得不到及时解决，可能会造成很多长期且严重的后果：情感发育迟滞，社交活动受阻，学业受到影响，甚至影响孩子成年之后……

英国心理治疗师艾丽西亚·伊顿自2004年起就在伦敦著名的哈利街开设心理诊所，专门帮助孩子们解决心理问题。

她把临床工作中经常使用的积极心理学、认知行为疗法、正念疗法、心理感觉疗法、催眠疗法和神经语言程序学等领域的治疗技术简化为父母们也能操作的技巧和练习，并通过真实案例展示她帮助孩子们摆脱焦虑、恐惧和不安的过程，以便父母和孩子们学习和掌握。

只要按照步骤操作，任何人都可以在第一时间帮助孩子缓解心理问题，让孩子更平静、更快乐、适应力更强，进而更轻松地应对日常生活中的压力。

另外，这些技巧和练习对成年人同样有效。

[美] 卡拉·纳特森 著
美同 译
北京联合出版公司
定价：39.00 元

《解码青春期男孩》

务必与你的儿子进行的9大关键谈话
从9个角度全面更新你对青春期男孩的认知
教给你如何与青春期男孩谈谈他必须知道的那些事

如今的男孩，9岁就开始进入青春期，20岁出头才结束！在这10多年的时间里，他们要经历变声、痤疮、梦遗、情绪化等身体和心理变化，还要面临很多让人棘手的新挑战：社交媒体、网络色情、形体焦虑、各种成瘾问题、暴力游戏……这是作为父母的你在这个年龄时从未经历过的……

如何帮助他安全、健康地度过危险、混乱、叛逆的青春期，避免他屈从于诱惑，造成影响一辈子的后果？

当然是交谈，用关于男孩青春期的新信息、新方式主动与他们谈谈必须知道的那些事。

本书从9个角度为你全新解码正在经历青春期阵痛的男孩——从生理变化到情绪变化，从形体焦虑到性教育、性侵犯，从色情内容到成瘾行为、延迟满足，从暴力游戏到死亡问题……在更新你的认知的同时，还告诉你如何主动与他们交谈，帮助他们健康成长。

[美] 简·尼尔森 著
玉冰 译
北京联合出版公司
定价：38.00 元

《正面管教》

如何不惩罚、不娇纵地有效管教孩子

畅销美国 400 多万册　被翻译为 16 种语言畅销全球
中文版畅销已超 500 万册

自1981年本书第一版出版以来，《正面管教》已经成为管教孩子的"黄金准则"。正面管教是一种既不惩罚也不娇纵的管教方法……孩子只有在一种和善而坚定的气氛中，才能培养出自律、责任感、合作以及自己解决问题的能力，才能学会使他们受益终生的社会技能和人生技能，才能取得良好的学业成绩……如何运用正面管教方法使孩子获得这种能力，就是这本书的主要内容。

简·尼尔森，教育学博士，杰出的心理学家、教育家，加利福尼亚婚姻和家庭执业心理治疗师，美国"正面管教协会"的创始人。曾经担任过10年的有关儿童发展的小学、大学心理咨询教师，是众多育儿及养育杂志的顾问。

[美] 简·尼尔森 琳·洛特
斯蒂芬·格伦 著
花莹莹 译
北京联合出版公司
定价：45.00 元

《正面管教 A-Z》

日常养育难题的 1001 个解决方案

家庭教育畅销书《正面管教》作者力作
以实例讲解不惩罚、不娇纵管教孩子的"黄金准则"

无论你多么爱自己的孩子，在日常养育中，都会有一些让你愤怒、沮丧的时刻，也会有让你绝望的时候。

你是怎么做的？

本书译自英文原版的第3版（2007年出版），包括了最新的信息。你会从中找到不惩罚、不娇纵地解决各种日常养育挑战的实用办法。主题目录，按照A-Z的汉语拼音顺序排列，方便查找。你可以迅速找到自己面临的问题，挑出来阅读；也可以通读整本书，为将来可能遇到的问题及其预防做好准备。每个养育难题，都包括6步详细的指导：理解你的孩子、你自己和情形，建议，预防问题的出现，孩子们能够学到的生活技能，养育要点，开阔思路。

[美] 简·尼尔森
谢丽尔·欧文
罗丝琳·安·达菲 著
花莹莹 译
北京联合出版公司
定价：42.00 元

《0～3岁孩子的正面管教》

养育 0～3 岁孩子的"黄金准则"

家庭教育畅销书《正面管教》作者力作

从出生到3岁，是对孩子的一生具有极其重要影响的3年，是孩子的身体、大脑、情感发育和发展的一个至关重要的阶段，也是会让父母们感到疑惑、劳神费力、充满挑战，甚至艰难的一段时期。

正面管教是一种有效而充满关爱、支持的养育方式，自1981年问世以来，已经成为了养育孩子的"黄金准则"，其理论、理念和方法在全世界各地都被越来越多的父母和老师们接受，受到了越来越多父母和老师们的欢迎。

本书全面、详细地介绍了0～3岁孩子的身体、大脑、情感发育和发展的特点，以及如何将正面管教的理念和工具应用于0～3岁孩子的养育中。它将给你提供一种有效而充满关爱、支持的方式，指导你和孩子一起度过这忙碌而令人兴奋的三年。

无论你是一位父母、幼儿园老师，还是一位照料孩子的人，本书都会使你和孩子受益终生。

《3～6岁孩子的正面管教》

养育3～6岁孩子的"黄金准则"

家庭教育畅销书《正面管教》作者力作

　　3～6岁的孩子是迷人、可爱的小人儿。他们能分享想法、显示出好奇心、运用崭露头角的幽默感、建立自己的人际关系，并向他们身边的人敞开喜爱和快乐的怀抱。他们还会固执、违抗、令人困惑并让人毫无办法。

　　正面管教会教给你提供有效而关爱的方式，来指导你的孩子度过这忙碌并且充满挑战的几年。

　　无论你是一位父母、一位老师或一位照料孩子的人，你都能从本书中发现那些你能真正运用，并且能帮助你给予孩子最好的人生起点的理念和技巧。

[美] 简·尼尔森
　　谢丽尔·欧文
　　罗丝琳·安·达菲　著
娟子　译
北京联合出版公司
定价：42.00 元

《十几岁孩子的正面管教》

教给十几岁的孩子人生技能

家庭教育畅销书《正面管教》作者力作
养育十几岁孩子的"黄金准则"

　　度过十几岁的阶段，对你和你的青春期的孩子来说，可能会像经过一个"战区"。青春期是成长中的一个重要过程。在这个阶段，十几岁的孩子会努力探究自己是谁，并要独立于父母。你的责任，是让自己十几岁的孩子为人生做好准备。

　　问题是，大多数父母在这个阶段对孩子采用的养育方法，使得情况不是更好，而是更糟了……

　　本书将帮助你在一种肯定你自己的价值、肯定孩子价值的相互尊重的环境中，教育、支持你的十几岁的孩子，并接受这个过程中的挑战，帮助你的十几岁孩子最大限度地成为具有高度适应能力的成年人。

[美] 简·尼尔森
　　琳·洛特　著
尹莉莉　译
北京联合出版公司出版
定价：35.00 元

《正面管教养育工具》

赋予孩子力量、培养孩子能力的 49 种有效方法

家庭教育畅销书《正面管教》作者力作
不惩罚、不娇纵养育孩子的有效工具

[美] 简·尼尔森
玛丽·尼尔森·坦博斯基
布拉德·安吉 著
花莹莹 杨森 张丛林 林展 译
北京联合出版公司出版
定价：42.00 元

正面管教是一种不惩罚、不娇纵的管教孩子的方式，是为了培养孩子们的自律、责任感、合作能力，以及自己解决问题的能力，让他们学会受益终生的社会技能和人生技能，并取得良好的学业成绩。

1981年，简·尼尔森博士出版《正面管教》一书，使正面管教的理念逐渐为越来越多的人接受并奉行。如今，正面管教已经成了管教孩子的"黄金准则"。其理念和方法已经传播到将近70个国家和地区，包括美国、英国、冰岛、荷兰、德国、瑞士、法国、摩洛哥、西班牙、墨西哥、厄瓜多尔、哥伦比亚、秘鲁、智利、巴西、加拿大、中国、埃及、韩国。由简·尼尔森博士作为创始人的"正面管教协会"，如今已经有了法国分会和中国分会。

本书对经过多年实际检验的49个最有效的正面管教养育工具作了详细介绍。

《教室里的正面管教》

培养孩子们学习的勇气、激情和人生技能

家庭教育畅销书《正面管教》作者力作
造就理想班级氛围的"黄金准则"
本书入选中国教育新闻网、中国教师报联合推荐
2014 年度"影响教师 100 本书"TOP10

[美] 简·尼尔森 琳·洛特
斯蒂芬·格伦 著
梁帅 译
北京联合出版公司出版
定价：30.00 元

很多人认为学校的目的就是学习功课，而各种纪律规定应该以学生取得优异的学习成绩为目的。因此，老师们普遍实行的是以奖励和惩罚为基础的管教方法，其目的是为了控制学生。然而，研究表明，除非教给孩子们社会和情感技能，否则他们学习起来会很艰难，并且纪律问题会越来越多。

正面管教是一种不同的方式，它把重点放在创建一个相互尊重和支持的班集体，激发学生们的内在动力去追求学业和社会的成功，使教室成为一个培育人、愉悦和快乐的学习和成长的场所。

这是一种经过数十年实践检验，使全世界数以百万计的教师和学生受益的黄金准则。

[美] 简·尼尔森
奇普·德洛伦佐 著
胡海霞 译
北京联合出版公司
定价：56.00 元

《蒙台梭利教室里的正面管教》

营造具备良好社会－情感氛围的班级环境

**家庭教育畅销书《正面管教》作者力作
造就理想班级氛围的"黄金准则"**

正面管教是由美国著名心理学家、教育家简·尼尔森博士提出的一种既不惩罚也不骄纵地有效管教孩子的方法。它以个体心理学创始人阿尔弗雷德·阿德勒和鲁道夫·德雷克斯的理念为基础，提倡在和善而坚定的气氛中，培养孩子自律、责任感、合作等优良品格，以及自己解决问题等让孩子受益终生的社会技能和人生技能。

自1981年以来，正面管教已经让全世界数以百万计的孩子、父母和老师受益，被誉为养育孩子的"黄金准则"。

在本书中，尼尔森与资深蒙台梭利教师奇普·德洛伦佐创造性地将正面管教理念和工具运用到蒙台梭利教育和教学活动中，提出了一系列为孩子们准备良好的社会－情感环境，以及处理孩子课堂行为的方法和技巧。

由于简·尼尔森博士的重要贡献，她被美国蒙台梭利协会授予"蒙台梭利创新者奖"（Montessori Innovator Award）。

[美] 简·尼尔森
琳达·埃斯科巴
凯特·奥托兰
罗丝琳·安·达菲
黛博拉·欧文－索科奇 著
郑淑丽 译
北京联合出版公司出版
定价：55.00 元

《正面管教教师指南 A-Z》

教室里行为问题的 1001 个解决方案

**家庭教育畅销书《正面管教》作者力作
以实例讲解造就理想班级氛围的"黄金准则"**

本书包括两个部分：

第一部分，介绍的是正面管教的基本原理和基本方法，包括鼓励、错误目的、奖励和惩罚、和善而坚定、社会责任感、分派班级事务、积极的暂停、特别时光、班会，等等。

第二部分，是教室里常见的各种行为问题及其处理方法，按照A-Z的汉语拼音顺序排列，以方便查找。你可以迅速找到自己面临的问题，有针对性地阅读，立即解决自己的难题；也可以通读本书，为将来可能遇到的问题及其预防做好准备。

每个行为问题及其解决，基本都包括5个部分：

- 讨论。就一个具体行为问题出现的情形及原因进行讨论。
- 建议。依据正面管教的理论和原则，给出解决问题的建议。
- 提前计划，预防未来的问题。着眼于如何预防问题的发生。
- 用班会解决问题。老师和学生们用班会解决相应问题的真实故事。
- 激发灵感的故事。老师和学生们用正面管教工具解决相关问题的真实故事。

《正面管教教师工具》

造就理想班级氛围的有效工具
让学生掌握社会—情感技能、
取得学业成功的 44 种有效方法

家庭教育畅销书《正面管教》作者力作

  如何处理学生的不良行为，是教师们经常会遇到的一个巨大挑战。他们通常的做法是惩罚不良行为，奖励好行为。然而，研究表明，无论惩罚还是奖励，都会降低学生的内在动力、合作精神、自控力，以及独立解决问题的能力。

  在本书中，作者将以阿德勒心理学为基础的正面管教方法，具体化为教师们在日常教学中可以实际应用的44个工具，每个工具都有具体的说明和世界各地的教师运用该工具解决问题的实例，以及心理学和各种研究的依据。帮助老师们不惩罚、不娇纵地有效管教班级，解决班级管理中遇到的各种令人头疼的问题，最终培养出孩子们的自律、责任感、合作以及自己解决问题的能力，并取得学业的成功。

[美] 简·尼尔森
   凯莉·格夫洛埃尔 著
胡海霞 胡美艳 译
北京联合出版公司出版
定价：45.00 元

《特殊需求孩子的正面管教》

帮助孩子学会有价值的社会和人生技能

家庭教育畅销书《正面管教》作者力作

  每一个孩子都应该有一个幸福而充实的人生。特殊需求的孩子们有能力积极成长和改变。

  运用正面管教的理念和工具，特殊需求的孩子们就能够培养出一种越来越强的能力，为自己的人生承担起责任。在这个过程中，他们会与自己的家里、学校里和群体里的重要的人建立起深入的、令人满意的、合作的关系，从而实现自己的潜能。

[美] 简·尼尔森 史蒂文·福斯特
   艾琳·拉斐尔 著
甄颖 译
北京联合出版公司
定价：32.00 元

《单亲家庭的正面管教》

让单亲家庭的孩子健康、快乐、茁壮成长

家庭教育畅销书《正面管教》作者力作
单亲父母养育孩子的"黄金准则"

单亲家庭不是"破碎的家庭",单亲家庭的孩子也不是注定会失败和令人失望的,有了努力、爱和正面管教养育技能,单亲父母们就能够把自己的孩子培养成有能力的、满足的、成功的人,让单亲家庭成为平静、安全、充满爱的家,而单亲父母自己也会成为一位更健康、平静的父母——以及一个更快乐的人。

《单亲家庭的正面管教》是家庭教育畅销书《正面管教》作者简·尼尔森的又一力作。自从《正面管教》于1981年出版以来,正面管教理念已经成为养育孩子的"黄金准则",让全球数以百万计的父母、孩子、老师获益。

《单亲家庭的正面管教》是简·尼尔森博士与另外两位作者详细介绍如何将正面管教的理念和工具用于单亲家庭的一部杰作。

[美] 简·尼尔森 谢丽尔·欧文
卡萝尔·德尔泽尔 著
杨淼 张丛林 林展 译
北京联合出版公司
定价: 37.00元

《孩子,把你的手给我》

与孩子实现真正有效沟通的方法

畅销美国500多万册的教子经典,以31种语言畅销全世界
彻底改变父母与孩子沟通方式的巨著

本书自2004年9月由京华出版社自美国引进以来,仅依靠父母和老师的口口相传,就一直高居当当网、卓越网的排行榜。

吉诺特先生是心理学博士、临床心理学家、儿童心理学家、儿科医生;纽约大学研究生院兼职心理学教授、艾德尔菲大学博士后。吉诺特博士的一生并不长,他将其短短的一生致力于儿童心理的研究以及对父母和教师的教育。

父母和孩子之间充满了无休止的小麻烦、阶段性的冲突,以及突如其来的危机……我们相信,只有心理不正常的父母才会做出伤害孩子的反应。但是,不幸的是,即使是那些爱孩子的、为了孩子好的父母也会责备、羞辱、谴责、嘲笑、威胁、收买、惩罚孩子,给孩子定性,或者对孩子唠叨说教……当父母遇到需要具体方法解决具体问题时,那些陈词滥调,像"给孩子更多的爱"、"给她更多关注"或者"给他更多时间"是毫无帮助的。

多年来,我们一直在与父母和孩子打交道,有时是以个人的形式,有时是以指导小组的形式,有时以养育讲习班的形式。这本书就是这些经验的结晶。这是一个实用的指南,给所有面临日常状况和精神难题的父母提供具体的建议和可取的解决方法。

——摘自《孩子,把你的手给我》一书的"引言"

[美] 海姆·G·吉诺特 著
张雪兰 译
北京联合出版公司
定价: 32.00元

《孩子，把你的手给我（Ⅱ）》
与十几岁孩子实现真正有效沟通的方法

《孩子，把你的手给我》作者的又一部巨著
彻底改变父母与十几岁孩子的沟通方式

[美] 海姆·G·吉诺特 著
张雪兰 译
北京联合出版公司
定价：26.00 元

本书是海姆·G·吉诺特博士的又一部经典著作，连续高踞《纽约时报》畅销书排行榜25周，并被翻译成31种语言畅销全球，是父母与十几岁孩子实现真正有效沟通的圣经。

十几岁是一个骚动而混乱、充满压力和风暴的时期，孩子注定会反抗权威和习俗——父母的帮助会被怨恨，指导会被拒绝，关注会被当做攻击。海姆·G·吉诺特博士就如何对十几岁的孩子提供帮助、指导、与孩子沟通提供了详细、有效、具体、可行的方法。

《孩子，把你的手给我（Ⅲ）》
老师与学生实现真正有效沟通的方法

《孩子，把你的手给我》作者最后一部经典巨著
以31种语言畅销全球
彻底改变老师与学生的沟通方式
美国父母和教师协会推荐读物

[美] 海姆·G·吉诺特 著
张雪兰 译
北京联合出版公司
定价：35.00 元

本书是海姆·G·吉诺特博士的最后一部经典著作，彻底改变了老师与学生的沟通方式，是美国父母和教师协会推荐给全美教师和父母的读物。

老师如何与学生沟通，具有决定性的重要意义。老师们需要具体的技巧，以便有效而人性化地处理教学中随时都会出现的事情——令人烦恼的小事、日常的冲突和突然的危机。在出现问题时，理论是没有用的，有用的只有技巧，如何获得这些技巧来改善教学状况和课堂生活就是本书的主要内容。

书中所讲述的沟通技巧，不仅适用于老师与学生、家长与孩子之间的交流，而且也可以灵活运用于所有的人际交往中，是一种普遍适用的沟通技巧。

[美] 默娜·B. 舒尔
特里萨·弗伊·
迪吉若尼莫 著
张雪兰 译
北京联合出版公司
定价：30.00 元

《如何培养孩子的社会能力》

教孩子学会解决冲突和与人相处的技巧

简单小游戏　成就一生大能力
美国全国畅销书（The National Bestseller）
荣获四项美国国家级大奖的经典之作
美国"家长的选择（Parents'Choice Award）"图书奖

　　社会能力就是孩子解决冲突和与人相处的能力，人是社会动物，没有社会能力的孩子很难取得成功。舒尔博士提出的"我能解决问题"法，以教给孩子解决冲突和与人相处的思考技巧为核心，在长达30多年的时间里，在全美各地以及许多其他国家，让家长和孩子们获益匪浅。与其他的养育办法不同，"我能解决问题"法不是由家长或老师告诉孩子怎么想或者怎么做，而是通过对话、游戏和活动等独特的方式教给孩子自己学会怎样解决问题，如何处理与朋友、老师和家人之间的日常冲突，以及寻找各种解决办法并考虑后果，并且能够理解别人的感受。让孩子学会与人和谐相处，成长为一个社会能力强、充满自信的人。

　　默娜·B.舒尔博士，儿童发展心理学家，美国亚拉尼大学心理学教授。她为家长和老师们设计的一套"我能解决问题"训练计划，以及她和乔治·斯派维克（George Spivack）一起所做出的开创性研究，荣获了一项美国心理健康协会大奖、三项美国心理学协会大奖。

[美] 默娜·B. 舒尔 著
刘荣杰 译
北京联合出版公司
定价：35.00 元

《如何培养孩子的社会能力（II）》

教 8 ~ 12 岁孩子学会解决冲突和与人相处的技巧

全美畅销书《如何培养孩子的社会能力》作者的又一部力作！
让怯懦、内向的孩子变得勇敢、开朗！
让脾气大、攻击性强的孩子变得平和、可亲！
培养一个快乐、自信、社会适应能力强、情商高的孩子

　　8 ~ 12岁，是孩子进入青春期反叛之前的一个重要时期，是孩子身体、行为、情感和社会能力发展的一个重要分水岭。同时，这也是父母的一个极好的契机——教会孩子自己做出正确决定，自己解决与同龄人、老师、父母的冲突，培养一个快乐、自信、社会适应能力强、情商高的孩子——以便孩子把精力更多地集中在学习上，为他们期待而又担心的中学生活做好准备。

　　本书详细、具体地介绍了将"我能解决问题"法运用于8 ~ 12岁孩子的方法和效果。

[美] 默娜·B.舒尔 著
陆新爱 译
北京联合出版公司
定价：50.00 元

《如何培养孩子的社会能力（Ⅲ）》

荣获美国 4 项心理学大奖的"我能解决问题"法在 107 个情景中的运用

教孩子学会解决冲突和与人相处的技巧

这是全美畅销书《如何培养孩子的社会能力》作者默娜·B.舒尔博士的又一部力作。在本书中，舒尔博士将荣获美国4项心理学大奖的"我能解决问题"法运用到孩子生活中的107个重要情景，围绕处理感受、处理并预防问题、在家里培养孩子与人相处的能力、培养人生技能四个主题，向父母们介绍如何培养孩子解决冲突和与人相处的能力和技巧。

社会能力就是孩子解决冲突和与人相处的能力，人是社会动物，没有社会能力的孩子很难取得成功。

舒尔博士提出的"我能解决问题"法，以教给孩子解决冲突和与人相处的思考技巧为核心，在长达30多年的时间里，在美国各地以及世界其他国家，让家长和孩子们获益匪浅。

[美] 安吉拉·克利福德 - 波斯顿 著
王俊兰 译
北京联合出版公司
定价：32.00 元

《如何读懂孩子的行为》

理解并解决孩子各种行为问题的方法

孩子为什么不好好吃、不好好睡？为什么尿床、随地大便？为什么说脏话？为什么撒谎、偷东西、欺负人？为什么不学习？……这些行为，都是孩子在以一种特殊的方式与父母沟通。

当孩子遇到问题时，他们的表达方式十分有限，往往用行为作为与大人沟通的一种方式……如何读懂孩子这些看似异常行为背后真实的感受和需求，如何解决孩子的这些问题，以及何时应该寻求专业帮助，就是本书的主要内容。

安吉拉·克利福德 - 波斯顿（Andrea Clifford-Poston），教育心理治疗师、儿童和家庭心理健康专家，在学校、医院和心理诊所与孩子和父母们打交道 30 多年；她曾在查林十字医院（Charing Cross Hospital，建立于 1818 年）的儿童发展中心担任过 16 年的主任教师，在罗汉普顿学院（Roehampton Institute）担任过多年音乐疗法的客座讲师，她还是《泰晤士报》"父母论坛"的长期客座专家，为众多儿童养育畅销杂志撰写专栏和文章，包括为"幼儿园世界（Nursery World）"撰写了 4 年专栏。

[美] 爱丽森·戴维 著
宋苗 译
北京联合出版公司
定价：26.00 元

《帮助你的孩子爱上阅读》

0 ～ 16 岁亲子阅读指导手册

没有阅读的童年是贫乏的——孩子将错过人生中最大的乐趣之一，以及阅读带来的巨大好处。

阅读不但是学习和教育的基础，而且是孩子未来可能取得成功的一个最重要的标志——比父母的教育背景或社会地位重要得多。这也是父母与自己的孩子建立亲情心理联结的一种神奇方式。

帮助你的孩子爱上阅读，是父母能给予自己孩子的一份最伟大的礼物，一份将伴随孩子一生的爱的礼物。

这是一本简单易懂而且非常实用的亲子阅读指导手册。作者根据不同年龄的孩子的发展特征，将 0 ～ 16 岁划分为 0 ～ 4 岁、5 ～ 7 岁、8 ～ 11 岁、12 ～ 16 岁四个阶段，告诉父母们在各个年龄阶段应该如何培养孩子的阅读习惯，如何让孩子爱上阅读。

以上图书各大书店、书城、网上书店有售。

团购请垂询：010-65868687　13910966237

Email: marketing@tianluebook.com

更多畅销经典图书，请关注天略图书微信公众号"天略童书馆"、天猫商城"天略图书旗舰店"（https://tianluetushu.tmall.com/）及小红书账号"天略图书"。

小红书

微信公众号

微店

天猫店